本书为国家社科基金青年项目"不同流通模式下安全农产品供给的动力机制与管控政策研究"（项目编号：13CJY094）成果

河北经贸大学学术出版基金资助

河北省高校人文社会科学重点研究基地"河北经贸大学现代商贸服务业研究中心"资助

感谢河北经贸大学商学院和河北经贸大学京津冀一体化发展协同创新中心在调研方面提供的支持

安全农产品供给的
动力机制与管控政策选择

——基于不同流通模式的研究

赵建欣　田新霞　著

中国社会科学出版社

图书在版编目（CIP）数据

安全农产品供给的动力机制与管控政策选择：基于不同流通模式的研究/赵建欣，田新霞著. —北京：中国社会科学出版社，2019.5
ISBN 978 - 7 - 5203 - 4405 - 0

Ⅰ.①安… Ⅱ.①赵… ②田… Ⅲ.①农产品—质量管理—安全管理—研究—中国 Ⅳ.①F326.5

中国版本图书馆 CIP 数据核字（2019）第 085104 号

出 版 人	赵剑英
责任编辑	李庆红
责任校对	冯英爽
责任印制	王 超

出 版	中国社会科学出版社
社 址	北京鼓楼西大街甲 158 号
邮 编	100720
网 址	http://www.csspw.cn
发 行 部	010 - 84083685
门 市 部	010 - 84029450
经 销	新华书店及其他书店
印 刷	北京明恒达印务有限公司
装 订	廊坊市广阳区广增装订厂
版 次	2019 年 5 月第 1 版
印 次	2019 年 5 月第 1 次印刷
开 本	710×1000 1/16
印 张	14.5
插 页	2
字 数	202 千字
定 价	69.00 元

目　录

第一章　导论

第一节　研究背景

随着经济发展带来生活水平的提高，人们对农产品的质量安全问题日趋重视，越来越多消费者的消费取向逐渐向绿色、有机、天然方向发展。从农业部历年发布的相关数据来看，我国的农产品安全水平整体平稳向好。但从局部来看，发生在不同地区、不同种类的农产品安全事件仍呈现频发态势。近10年影响范围比较广、影响程度比较大、负面影响持续时间比较长的农产品安全事件有：2005年的"红心鸭蛋"事件，2006年的"多宝鱼"事件，2007年的"毒豆腐"事件，2008年的"三聚氰胺"事件，2009年的海南"毒豇豆"事件，2010年的"漂白蘑菇"事件，2011年的"瘦肉精"事件，2012年的"牛肉膏"事件，2013年的"毒生姜"事件，2014年的"毒豆芽"事件，2015年的"致癌草莓"事件，2016年"胶水牛排"事件等。农产品质量安全问题直接威胁着消费者的身体健康和生命安全，同时也影响到社会的和谐稳定与经济的可持续发展。党中央和国务院高度重视质量安全问题，为保证农产品质量采取了一系列的措施：颁布了《农产品质量安全法》（2006年11月1日施行）、《农产品产地安全管理办法》（2006年10月1日施行）、《消费者权益保护法》（2014年3月15日修订后施行）、《食品安全国家标准食品中农药最大残留限量 GB 2763—2016》

（2016年12月18日施行）、《食品安全法》（2015年10月1日修订后施行）、《食用农产品市场销售质量安全监督管理办法》（2016年3月1日执行）等一系列法律法规，建立了食品安全标准、产地环境标准、生产加工技术规范等一系列标准和规范，实施了市场准入和检测制度，开展了质量安全认证工作，不遗余力地打造"从农田到餐桌"的一整套农产品质量安全管理体系。尽管我国的农产品质量安全管理工作在某些领域取得了一定的成效，但由于农产品自身的易腐性和季节性，农产品生产的小规模、分散性和区域性，农产品流通的多环节、长渠道、低组织化，以及各流通主体的逐利性等诸多原因，导致农产品质量安全问题层出不穷。采取何种措施对农产品质量进行低成本和高效率的管控，成为学界和政界关注的重点。

第二节 问题的提出

已有诸多研究表明，微观层面完善产业链治理结构和宏观层面健全食品质量安全监管体系是解决农产品质量安全问题相辅相成的两个方面（Fraina et al.，2000；Henson，J.，et al.，2001；Reardon et al.，2001）。当前，微观视角的研究主要是以信息经济学和契约理论为理论背景，利用契约约束生产者行为（Grossman，1981；Hellmann，2000，张云华，2004；胡定寰，2006；汪普庆等，2007），或通过引入中间组织来平衡生产者和流通主体间的利益、保证农产品质量（Biglaiser and Friedman，1997；卫龙宝等，2004）。在实践中，这需要规模较大、运行规范的经济主体对小农户进行监督管理、协调各主体的关系。而我国的现实背景是以分散生产的家庭、不规范的农民专业合作社和数量众多但规模较小的企业构成的生产和流通主体结构。构建农产品供应链，通过供应链上的核心企业对链条各节点的安全管理和跟踪管理来实现从田间地头到家庭餐桌的全程监管成为微观领域研究的重点之一 (Hobbs, J., et al., 1998; 周应恒等, 2002; Fynes B., et al., 2005; Starbird S. A., 2005; 夏永祥, 2009; 曲芙蓉, 2010; 周洁红, 2011, 2012; 孙世民, 2012; 庄二平, 2014)。实践中, 那些生产区域比较集中、种植或养殖已经形成规模化生产的农产品, 通过供应链管理来保证农产品质量可以取得较好的成效。而一些生产分散、经营规模较小、季节性强的农产品, 因监督成本高和追溯手段实施困难而使供应链发动主体严重缺位, 相关主体也缺乏参与追溯的积极性 (赵建欣等, 2014)。在宏观层面, 针对不安全农产品供给的机会主义, 部分学者探寻了政府部门如何运用一定的法律、法规、条例、规章、制度对微观经济行为进行干预和治理 (Loader et al., 1999; Henson et al., 1999; 徐金海, 2007; 赵建欣等, 2014; 陈金玲, 2017)。我国学者在健全法律法规、完善食品安全体系建设、加大监管力度等方面做了大量研究 (夏英, 2001; 周德翼, 2002; 张耀钢、李功奎, 2004; 周洁红等, 2003、2006; 赵建欣等, 2014)。但在实践中, 一些政策措施的落实与组织实施不仅依赖于较高的执行成本和监督成本, 而且存在着实施环节多、实施效果差、缺少实施载体等缺陷, 因而并不能从根本上杜绝质量安全问题的发生。

　　基于以上分析, 本书立足于我国当前农产品分散生产、小规模经营的特点和农产品流通组织化程度较低、产业化水平不高的现状, 在流通模式视角下研究安全农产品供给的动力机制以及管控政策在动力机制模型中的作用机理, 以期发现质量管控的着力点, 继而为我国各级政府更加科学地制定保障农产品质量安全的相关政策、法规提供决策依据。

第三节 研究方案

一 相关概念界定

(一) 安全农产品

本书中的安全农产品是指在农产品的生产和流通过程中没有违规、违法、违禁、滥用、过量使用各种投入品,食用此农产品不会对消费者身体造成直接或潜在的危害。由于安全与不安全之间很难有明确的量化标准,所以本书用质量安全水平表示农产品安全程度的高低,质量安全水平越高表明越安全。农产品有生鲜农产品和加工类农产品,这两类农产品的特性差别很大。本书中的农产品主要是指蔬菜、水果、禽、蛋、水产品、肉等和人们生活直接相关,并且直接作为最终产品供人们消费的生鲜类农产品。

(二) 农产品流通模式

农产品流通模式有多种分类方式,本书中流通模式划分的依据是,在农产品产业链中由于所处地位、规模大小、议价能力等不同,从而在农产品流通过程中起主导作用的主体不同来划分。依据此分类方式,本书中的流通模式主要包括:批发商主导的流通模式,合作社主导的流通模式,农产品加工企业(或叫农产品保鲜公司)主导的流通模式,超市主导的流通模式,公司(有自己的生产基地)主导的流通模式,以批发市场为桥梁的流通模式。

(三) 安全农产品流通系统

安全农产品流通系统是由农产品生产和流通的各主体、流通的各项设施和服务,以及和流通相关的各种规章制度共同组成的系统。该系统与常规农产品流通系统的最大区别在于,系统内流通的是安全农产品,系统内各要素相互作用、相互联系,以完成安全农产品流通为最终目的。安全农产品流通应该能适应消费者对质量的要求,能够保护生产者的利益,且能够保证各流通主体利益的实现，是立足于我国农业经营现状和流通组织化现状的流通系统。安全农产品流通是商品流通现代化的重要体现，是农业现代化的重要内容之一。

（四）质量安全管控

本书中的质量安全管控是指政府机构、公共部门、社会组织和各流通主体为保证商品质量而进行的管理、监督、控制、治理等措施。管控的手段既包括正式制度安排，也包括非正式制度安排；既包括强制性约束，也包括各种激励；既包括规范性的法律法规，也包括具体操作层面的制度。

二　研究说明

（一）本书中的农产品流通是大流通的概念，包括从农产品生产开始，最终到消费者手中的整个过程。

（二）安全农产品供给的动力机制既包括各流通主体供给安全农产品的微观动力机制，也包括农产品流通系统向安全农产品流通系统演化的系统动力机制。

（三）本书假设在一定经济和农业发展阶段，农产品生产方式、市场开放程度和需求状况既定，在此前提下研究安全农产品供给的动力机制。

（四）因为农产品种类繁多，考虑到数据的一致性和可比性，实证部分的数据主要以蔬菜为例。

三　研究方法

（一）文献阅读方法

课题组相关成员阅读了大量关于系统动力学理论、交易费用理论和动力机制理论的文献。这些文献不仅为本书的研究提供了理论基础，而且明晰了我们的研究思路和主线，在对大量文献总结、归纳的基础上构建了本书的理论模型。调查问卷初始问题的选择也来源于已有相关文献，笔者对国内外有关食品安全主体行为的问卷进行了仔细地阅读和研究，并结合我国现阶段农产品生产的实际情况进行了修改和完善，为最终数据资料的获得做了充分准备。收集什么数据、采用什么样的实证分析方法都以理论为依据。因此，文献阅读法是本书最基本的研究方法。

（二）实地调查方法

课题组对河北、山东、浙江和四川农产品的生产、流通、质量安全管理的情况进行了实地调研。实地调研采用了两种形式，一是问卷的形式，一是访谈的形式。

问卷调查。为发现影响安全农产品供给因素的统计规律以及为本书中的模型提供数据，本书采用了问卷调查法。为保证问卷的科学性、问题的针对性以及表述的通俗性，我们首先在河北定州和石家庄地区做了预调研，对问卷几经修改，形成了最终问卷。然后由讲授农业经济学的老师带领农经专业和经济学专业的学生对河北、山东和四川蔬菜种植区的农户进行了调研。

访谈调查。为深入了解农产品产前的农资使用情况、产中的质量控制和产后的流通状况，以及政府实际的监管措施，课题组对农户、家庭农场主、市场经纪人、蔬菜批发商、蔬菜零售商、专业合作社、农药售卖点，以及农产品质量安全管理部门进行了访谈。每次访谈时间约为40分钟，其中对农药的销售者访谈时间较长。因为农药售卖者对高毒、高残留农药问题比较敏感，如果直接询问，对方的防范心理很强，所以我们一般会从当地的农产品生产状况谈起，逐渐深入到农户的农药选择和购买所关心的问题，还会询问当前市场上农药存在的问题及原因。访谈内容除了我们提前准备的问题，一般是开放性的。课题组进行了约60次访谈，每次访谈都做了笔录。需要说明的是，我们的访谈有时是同样的问题，访谈不同的对象（如农药的问题既问生产者的看法，也问农药经销商的看法）；有时对同一个对象，问不同的问题（如问批发商生产过程中存在的问题和流通中存在的问题，以及他们对质量监管的看法）。目的在于能够相互印证，使研究结果更准确和更有解释力。

（三）统计分析、相关分析和计量模型分析

本书在具体的研究过程中主要采用了下述方法：①描述性统计

分析。对调查问卷中的数据和模型所涉及的变量首先进行了描述性统计分析，以了解样本特征和分布情况。②相关分析。本书为了初步了解和判断户主特征、家庭禀赋、经济因素、农户认知因素、政府服务、政府规制与农户安全生产行为间的相关程度，我们用了相关分析方法，具体采用的是 Pearson 相关系数法。③模型分析。为了揭示农户安全农产品生产的原因，本书采用经过异方差处理后的加权最小二乘法找出影响农户决策行为显著的因素，继而为分析安全农产品供给的动力和阻力奠定基础。

（四）案例研究方法

为了深入了解农产品生产和流通环节中各行为主体在决策时考虑的因素，清晰认识各行为主体间的关系，获取丰富、详细和深入的研究信息，以便开展更为具体的分析，本书采用了质性研究中最广泛应用的案例研究方法。通过该方法较好地归纳不同流通模式中出现的各种现象及特征，进一步挖掘现象背后潜在的规律，寻找各种质量安全问题出现的理论逻辑。具体而言，本书通过对合作社案例、超市案例、加工企业案例和公司案例的剖析，揭示不同流通模式下安全农产品供给的动力来源和动力机制。案例分析过程中，既有单案例分析，也有多案例分析；既有案例间的对比分析，也有相互佐证。

（五）比较分析方法

首先，通过案例分析找出了每种流通模式管控的着力点，其次，用比较研究法分析不同流通模式下农产品质量安全管控关键点的差异，并对导致差异的原因进行了探究。本书还对相同流通模式下不同加工企业安全农产品供给决策的差异进行了比较分析，剖析了差异产生的原因。

四　数据来源

本书所用宏观数据和行业数据来自各类统计年鉴和官方公布数据，而农户数据、合作社数据、超市数据、加工企业数据和公司数据均来自课题组的第一手调研资料。下面就调研内容、调研过程和调研范围给予说明。

（一）调查内容

围绕本书的目标和研究计划，课题组对河北、山东、浙江和四川四个省份的农产品生产、流通及农产品的质量安全状况进行了实地调查。具体调查内容包括：农户安全农产品生产行为，各流通主体安全农产品供给的动力来源和影响因素，农业部门对农产品生产过程的监管，市场管理部门对农产品质量安全的管控措施，工商等相关机构对进入超市和零售市场的农产品的管理情况，以及农资零售摊点所了解的生产者对农药、肥料和激素的购买情况。由于很多农产品的质量安全隐患来源于生产源头，因此我们在调研农户安全农产品生产行为的同时，还了解了交易方式、经济因素和制度因素对安全生产的影响。

（二）调查过程

整个调研过程分两步进行，第一步是小规模预调研阶段，第二步是正式调研阶段。为了提高调查问卷的科学性，避免变量漏缺的问题出现，课题组于2013年寒假首先在河北省的石家庄地区和保定地区进行了预调研。然后针对实际情况对调查问卷进行了修改和补充，形成最终调查问卷和比较科学的访谈提纲。2014年暑假委托河北经贸大学、四川农业大学和山东理工大学农业经济管理和经济学专业的本科生和部分研究生对三个省份开展了调研。2016年暑假又进行了补充调研。为了了解调研地区的实际情况，课题组在学生调研的地区中选取河北省的藁城地区、山东的寿光和昌化地区、浙江的临海地区和四川的崇州地区进行了实地访谈。

由于本书以农产品的生产者和流通主体为研究对象，除了要掌握有关各主体的自身禀赋、家庭状况以及从事生产和经营农产品活动的详细资料外，还需要了解当地的管控政策、监管机构的设立和具体的监管措施。为了深入了解被调查者行为的影响因素和行为背后所隐含的问题，我们的调研员深入田间地头对被调研者进行了一对一、面对面的访谈和问卷调查，不仅获得了所需要的第一手数据资料，还掌握了问卷题目不能反映的宝贵信息，了解了样本地区的经济、市场及产业发展状况。

（三）访谈范围

课题组于 2013 年 8 月到河北沧州青县调研，访谈了蔬菜合作社和瓜果合作社及当地某批发市场的创建者和外地收购商。2014 年 7 月在河北的定州走访了蔬菜种植户、蔬菜代售点老板、农药经销商、种植合作社及农业局相关人员。2014 年 8 月到河北藁城的某产地批发市场进行调研，访谈了蔬菜种植农户、运输商和收购商，还调研了当地的梨果种植户和收购商。2014 年 11 月到山东潍坊的寿光市和青州市，访谈对象主要有蔬菜种植农户、农资售卖店的老板、经纪人、蔬菜经销商（本地的经纪人和外地到山东收购的客商）、市场检测机构和政府检测机构的相关人员。2015 年 8 月，在河北石家庄访谈了某销地批发市场的批发商、市场检测机构，还访谈了几家大型零售市场的零售商。2015 年 9 月，访谈了 20 余家大型超市的生鲜农产品的负责人及河北省农业厅的相关人员。2015 年 10 月访谈了浙江台州地区的蔬菜种植者、某合作社，以及浙江省农业厅的相关人员。2016 年 5 月访谈了河北衡水和邢台的农业公司、家庭农场，以及主管农业的农业局、供销社、工商局和科工委等部门。2016 年 11 月访谈了四川崇州的股份合作社、种植蔬菜的家庭农场、肉羊养殖大户和实行会员制的农业公司。2017 年 3 月再次与农业厅相关人员访谈，补充课题资料。

第四节　研究的目标、技术路线与主要内容

一　研究目标

本书的总体目标是，基于系统动力学理论、交易成本理论和信息不对称等相关理论，运用实地调研资料，采用理论与实证、定性与定量、案例分析与计量模型的方法，从微观流通主体视角和中观

系统演进视角分析安全农产品供给的动力机制。在此基础上，提出立足于我国国情的农产品质量安全管控的对策建议，以提高我国农产品的质量安全水平。具体而言，本书的研究目标主要有以下几个方面：

第一，界定流通模式概念，厘清当前我国农产品流通模式的主要类型，考察各流通模式中的质量安全问题与影响因素，评价农产品质量安全政策在不同流通模式中的实施效果。

第二，分析安全农产品供给的构成要素，构建安全农产品流通的动力系统结构模型，并分析动力机制实现原理，剖析农产品流通系统的演化路径。

第三，揭示不同流通模式下安全农产品供给的动力机制，以及实施不同动力机制的适应条件。探究质量管控政策在具体动力机制模型中的作用以及影响路径，阐释管控政策如何使系统产生最佳动力作用。

第四，基于安全农产品供给的动力机制及其影响因素，借鉴发达国家对农产品质量安全管控的主要措施，提出立足我国生产经营体制和流通现状的农产品质量安全管控的对策建议。

二　研究思路与技术路线

根据研究目标，本书设计了以下研究思路：首先，广泛收集前人相关的研究成果，对农产品质量安全问题产生原因和管控方式进行不同角度的考察。其次，一方面梳理本书的理论基础，一方面调研我国农产品的流通状况。以此为基础，构建包括主体要素、载体要素、市场条件、生产方式、产业基础和制度环境在内的安全农产品流通动力系统的理论模型。再次，根据研究需要设计面上调查问卷和个案访谈提纲，进行实地调查。再以第一手资料为基础，评判当前质量安全管控政策的实施效果，分析影响其实施的主要因素，揭示不同流通模式中安全农产品供给的动力机制以及管控政策在动力机制模型中的作用机理。最后，在总结国外管控经验和分析国内现实条件的基础上给出我国农产品质量管控政策的工具选择。研究的技术路线如图1-1所示。

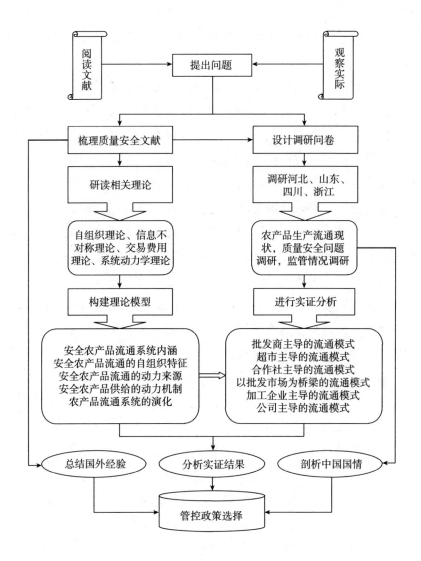

图1-1　本书的技术路线

三　研究的主要内容

根据研究目标和研究思路，本书共分为九章内容。

第一章，导论。首先介绍本书的现实背景，梳理已有研究脉络，在此基础上提出本书的切入点，然后界定相关概念、研究范围，给出本书所使用的研究方法，说明数据来源及调研过程。以上述内容为基础，设计本书的逻辑框架和技术路线。本章最后总结了研究中的主要亮点和不足之处。

第二章，农产品质量安全问题产生的原因及管控梳理。一方面从信息不对称视角、流通链条视角、经济主体行为视角综述我国农产品质量安全问题产生的原因。另一方面从管控体系、管控体制和管控的具体措施三方面综述如何进行质量安全治理及目前我国的管控政策存在的问题。在此基础上引出本书的研究视角。

第三章，本书的理论基础。简要梳理本书所用到的信息不对称理论、交易费用理论、自组织理论、动力机制理论以及系统动力学相关理论，为构建安全农产品供给的理论分析框架打下坚实基础。

第四章，我国农产品流通模式与质量管控现状分析。概括我国农产品流通现状和流通中影响质量安全问题的因素，并依据调研对我国目前农产品质量安全的管控现状进行分析。根据本书需要对农产品流通模式进行界定和分类。

第五章，安全农产品供给的动力机制：理论模型构建。本章首先分析农产品流通系统的自组织特征，然后分析安全农产品流通系统的构成要素和结构，根据已有文献并结合我们的调研提炼安全农产品供给的动力来源，最后根据激励理论和系统动力学理论设计安全农产品供给的微观动力机制模型和系统动力机制模型。在此基础上，分析系统演化的条件，预判了农产品流通系统演化的方向。

第六章，安全农产品供给的动力机制：不同流通模式下的实证分析。本章根据详细的访谈资料分析以批发商为主导的安全农产品供给的动力机制，用典型案例分析方法分析超市主导和合作社主导的流通模式中安全农产品供给的动力机制，用计量模型分析以批发市场为桥梁的流通模式中农户安全农产品供给的动力机制，用对比研究方法分析加工企业安全农产品供给的动力机制，用多案例分析方法佐证公司安全农产品供给的动力机制。

第七章，实证结果总结。通过分析我国农产质量安全问题存在的现实原因，当前的管控现状，以及不同流通模式安全农产品供给的影响因素和动力机制，对调研和实证分析的主要结论进行了总结和概括。

第八章，农产品质量安全管控的国外做法及在中国实施的障碍分析。首先梳理并提炼国外农产品质量安全管控的一些成熟做法，然后分析这些管控措施成功实施的前提条件，在此基础上，结合我国农产品生产和流通的特点以及管控现状，分析不能照抄照搬国外的原因。

第九章，中国农产品质量安全管控的政策选择。在本书研究结论的基础上，有选择的借鉴发达国家对农产品质量安全管控的具体措施，并在分析、评价我国现有农产品质量安全政策的基础上，提出我国当前农产品质量管控的关键点、主要措施和政策工具。

第五节　可能的创新与不足

一　可能的创新

本书在前辈研究的基础上，从流通模式视角对安全农产品供给的动力机制进行分析，主要亮点可以归纳为以下三个方面：

第一，基于我国当前的农业生产经营体制和流通现状，在流通模式视角下研究安全农产品供给具有较强的现实意义。以往研究多从供应链视角展开，实践中，一方面由于当前较低的农业产业化水平，一些供应链管理方法实际操作性不强；另一方面目前大多数农户缺乏融入现代供应链的途径；基于此，本书既立足于当前的农业产业化程度，又能涵盖包括小农户随机交易在内的所有农产品流通方式。

第二，综合经济学的交易成本理论、系统动力学的动力机制理论以及管理学的激励理论分析安全农产品流通的运行机制，将有助于丰富质量安全问题的理论研究。而且本书以经济学为主线，充分吸收其他学科研究动力机制的观点和方法，有助于更全面地把握安全农产品流通系统的运行本质。

第三，本书揭示了不同流通模式下安全农产品供给的动力源、动力机制、管控的关键点，提出如何以较低的成本、较高的效率进行农产品质量管控。一方面拓宽了从行为主体视角分析质量安全问题产生的原因以及解决质量安全问题的途径；另一方面从宏观的制度建设和管理方面提出解决农产品质量安全问题的对策建议；同时还从具体操作层面提出改善农产品质量问题的方法。

此外，本书还梳理了国外发达国家农产品质量安全管控的成熟做法，而且分析了国外管控政策实施的基础，并把我国的实际国情与之对比，评价其在我国的适应性问题，解释了为什么在国外行之有效的方法在我国实施效果并不理想。

二 本书的不足之处

笔者将研究定位在不同流通模式下安全农产品供给的动力机制与管控政策的主线上展开，基本上完成了课题立项时的目标。受到研究水平、资金和精力等方面的影响，本书在内容上还存在下述不足。

第一，数据获取有较大的难度，因此调研主要集中在河北省、山东省、四川省和浙江省。尽管我们已考虑到东、中、西部和经济发达地区与欠发达地区的差异问题，选取了四个有代表性的省份，但样本所反映的统计规律是否具有全国范围的普适性还有待进一步验证。

第二，国外农产品质量管控的法律、法规、措施、手段等资料主要来源于公开发表的论文和一些国内外网站，缺少第一手的调研资料，以后有机会一定努力补充。

书中尚存的诸多不足之处，是我们今后进一步研究的动力和方向，相关研究将留待后续工作来完成。

第二章 农产品质量安全问题产生的
原因及管控梳理

农产品质量安全问题因其对人们生活的重要性和对社会稳定的影响而引起理论界的广泛关注，国内外诸多研究者对此进行了大量研究，并取得了丰硕的研究成果。本章一方面对质量安全领域一些重要的研究成果进行梳理，旨在借鉴和为我所用。另一方面本章还将对我国农产品质量安全问题产生的原因和管控所涉及的一些现实问题从不同的视角进行分析和评价。本章共分为三节，第一节从不同视角剖析质量安全问题产生的原因，目的在于深入了解该问题以及寻求概念性的解决方案。第二节是对目前我国农产品质量安全管控的梳理，通过梳理我国的管控体系、管控体制和管控手段，发现其存在的问题，为优化管控政策提供理论支持。第三节是研究总结和评述，在此基础上提出本书的研究视角。

第一节 农产品质量安全问题
产生的原因考察

农产品质量安全问题产生的原因可从多方面给予解释，根据本书的需要，笔者将从理论成因、流通链条角度、经济主体行为视角进行梳理，其中，将对农产品质量安全问题在我国产生的特定原因进行重点分析。

一 理论成因的考察

关于农产品质量安全问题的理论成因，诸多学者从多个维度进行了分析。第一个维度是信息不对称导致农产品质量安全问题的产生。就农产品而言，信息不对称是指在市场经济活动中，买卖双方对农产品的生产过程和流通过程了解不同，相较于买方而言，卖方掌握的信息更多、更全面，其中包括农产品的质量信息。在市场缺乏检测或检测机制不健全的情况下，卖方可以隐匿对买方的不利信息而使自己处于优势地位，而买方则由于缺乏产品信息而处于劣势地位。这使得掌握信息充分的一方想方设法降低成本，向市场供给不安全农产品，从而导致了农产品质量安全问题的产生。徐晓新（2002）认为食品质量安全问题产生的首要原因是食品生产和流通链条中的信息不对称。Grossman（1981）认为可以通过声誉机制形成一个特定的高质量、高价格的市场均衡来取得市场所需要的充分信息，克服信息不对称问题。第二个维度是农产品的体验品和信用品特性导致农产品质量安全问题的产生。有些产品消费者通过自己的感官可以直接分辨其质量好坏，而对农产品来说，消费者只能鉴别其外在质量，对于其质量安全程度需要消费后才能知晓或借助仪器才能辨别。学界称农产品的这种特性为体验品和信用品特性。早在 1992 年 Caswell 和 Padberg 以番茄为例提出农产品具有搜寻品、体验品和信用品特性，质量安全问题是由后两种特性导致。Weiss（1995）认为，由于与体验品特性相关信息的缺乏，使得安全、优质食品的生产减少。Caswell 和 Mojduszka（1996）认为，在信息不对称或不完全的市场上，产品的质量信号可以将商品的信用商品属性转化为搜寻商品属性，使得消费者在购买前可以知道商品的质量，从而减少质量安全问题的发生。第三个维度是运用逆向选择理论解释质量差的商品为什么在市场上广泛存在。早在 1970 年，阿克洛夫（Akerlof）在柠檬市场模型中引入了商品质量因子，证明了质量信息不对称导致市场上的优等商品将逐渐被劣等商品替代，最终劣等商品将充斥市场的现象。诸多的国内研究者（张云华、孔祥智、罗丹，2004；李勇、任国元、杨万江，2004；王可山、李凤宾、李秉龙，2005）运用逆向选择理论对农产品质量安全的理论成因进行了详尽的解释。

二　流通链条视角的考察

实践中，农产品质量安全问题产生的环节可能是产前的产地环境，也可能是农产品生产过程，还可能产生于加工和流通过程中。下面我们以大流通为切入点从产前、产中和产后三个环节分析农产品质量安全问题产生的原因。

（一）农产品产前环节的质量安全隐患

产地环境是影响农产品质量安全的重要因素之一，产地环境存在问题必然为农产品质量安全埋下隐患。产前环节引起的农产品质量安全隐患有以下几个方面：一是产地环境受到污染。随着工业化的快速发展，城镇化的推进，我国很多地方的农村建设了相当数量的工厂和加工企业，其中有些工厂、企业没有对污染物进行处理就直接排放出去。这些污染物如重金属或一些有害的化学物质污染了当地的土壤、水源和大气，在被污染的农田中生产的农产品或被污染后的水灌溉的农产品，很可能引起农产品中重金属和一些有毒、有害物质超标。二是投入品不合格埋下的质量安全隐患。当前，我国农业投入品的生产厂家参差不齐，一些厂家的产品没有经过严格检验就进入市场，属于不合格产品。存在问题较多的是，一些动物饲料添加剂过量，一些化肥氮含量不足，甚至有些农业投入品违规添加动植物的生长调节剂。用这些不合格投入品所生产出的农产品，其质量安全隐患很大。三是化肥长期的过度投入与低效利用。化肥的滥用会造成土壤中氮含量升高，并进而导致农产品中硝酸盐、亚硝酸盐和重金属等有害物质残留量严重超标。我国农业生产中使用化肥的强度居世界之首，尤其是氮肥的使用量。我国耕地占全球耕地面积不足10%，氮肥使用量却占全世界的三分之一，过量施用现象十分普遍，不仅如此，氮肥利用率平均约为45%，远低于发达国家的 60% 利用率水平①。化肥长期的不当使用使得我国耕地肥力下降，有害物质富集，为农产品质量埋下隐患。

（二）农产品生产过程中过度或不科学使用投入品

不科学使用投入品也是导致农产品质量安全隐患的一个重要原因。在农产品生产过程中，过度施用化肥、农药等物质而使有害物质富集在农产品中，过度使用抗生素、激素和其他有害物质而使其残留于动植物体内，都会导致质量安全问题的产生。一方面，生产者为了防治病虫害，增加产量或减少动物疫病，而过度使用农药、化肥和抗生素。如一些果农认为多施肥能提高水果产量，一些养殖者认为多用药能快速治愈动物疾病。另一方面，由于生产者缺乏科学常识或专业的技术知识，在我国广泛存在不科学使用投入品的现象。据课题组的调研发现，很多农药要求在病虫害高发季来临、或还未发生病虫害、或者在幼虫期使用，而我国很多农民在出现了病虫害后，一般是在成虫期使用，不仅效果较差，而且由于距离农产品成熟期的时间间隔较短而可能造成农药残留超标。在养殖业领域不合理使用投入品主要表现为，养殖户把抗生素和饲料混在一起日常喂食禽畜，致使禽畜产品抗生素超标。

（三）流通过程中的再污染

农产品在加工、包装、装卸、运输、储存等流通过程中也存在质量安全隐患。如蔬菜在采摘、分级、运输过程中的细菌污染，清洗过程中的重金属污染，预冷和运输过程中的硝酸盐超标以及保鲜剂、有毒包装物污染，储存过程中微生物繁殖造成的变质，病原微生物控制不当引起的食物中毒等。禽畜产品在流通过程中，要使用一些运输工具运送和仓库存储。在运送过程中，如果运输车辆不清洁，或没有冷链运输，都可能造成微生物污染，或包装物破损导致的禽畜产品受到尘土和空气中的微生物污染。储存仓库或储存器具不卫生也会导致二次污染。为了保鲜，有些畜产品经营者在储存过

---

① 吴林海等：《中国食品安全发展报告 2014》，北京大学出版社 2014 年版，第 38 页。

程中使用化工制剂处理鲜活畜产品，致使有毒有害物质超标。禽畜产品在加工过程中，还存在使用病死畜禽和劣质原料加工食品的情况和违规滥用食品添加剂或非食品加工用化学添加剂的事件，如三聚氰胺事件、苏丹红事件、新型地沟油事件、瘦肉精事件、牛肉膏事件等都属于滥用添加剂引起的质量安全事件。

三　行为主体视角的考察

农产品的生产者、流通者、消费者、监管者构成农产品流通中的各经济主体。农产品的质量安全水平和各经济主体的行为息息相关。我们借鉴周英恒和王二朋（2012）的分类，把经济主体行为分为"无知"和"无良"两类，下文首先对这两类行为引起的质量安全问题进行考察。笔者认为质量安全问题和消费者的购买导向也有很大的关系，第三个问题将分析消费者的购买行为如何影响农产品的质量安全水平。最后分析监管主体的监管乏力也是质量安全事件屡禁不止的一个诱因。

（一）生产者"无知"引发的质量安全问题

"无知"问题是指由于认识水平的局限性，行为人的"非故意"行为产生的质量安全问题，或农产品的生产者在生产过程中或流通主体在流通过程中由于采用新技术、新工艺带来的不确定性风险导致的质量安全问题。无知引起的质量安全问题主要表现为以下几方面：其一，肥料使用方面的无知。长期过量使用一种肥料，认为可以增加农作物产量，殊不知肥料的利用率低，不仅浪费了肥料而且农作物中的硝酸盐含量增加，降低了农产品的质量安全水平。再如主观认为化肥比有机肥效果好，不使用有机肥，造成土壤板结，影响下一季的农作物产量和质量。其二，农药施用的无知。不按说明书要求的比例配制农药，忽视农药的安全间隔期，将剧毒、高毒农药用于蔬菜、瓜果、茶叶等农作物。有的生产者反映，现在农药低毒即使直接喝农药也不会死人，殊不知过量使用后被植物体所吸收，人再食用后会在身体里有一个富集的过程，达到一定程度会致病。长期连续单一在同一地区使用同一农药，会使有害生物产生抗药性，还可能大量杀害有害病虫的天敌，不仅造成虫害更加猖獗的现象，而且破坏了生态平衡。其三，激素使用的无知。目前瓜果类农产品，如苹果、香蕉、西瓜、梨、荔枝、火龙果，蔬菜类如番茄、花生、姜、大蒜、马铃薯、红薯、萝卜等，激素都被广泛应用。2014 年就出现过因膨大素使用过量，产生"爆炸西瓜"的案例。这些都属于行为主体"无知"导致的质量安全问题。

（二）生产主体和流通主体的"无良"导致的质量问题

"无良"问题是指行为人在投入品选择、农产品生产和加工过程中违法使用、故意添加违规物质造成的质量安全问题。一方面表现为农产品生产者的无良行为。如为了使产品提前上市使用催熟剂类激素。为了使果实变大、产量提高使用膨大类激素，为了使色泽鲜艳、品相好使用催红类激素。一些养殖户为了防止鸡患肠道疾病影响产蛋，经常在饲料里添加红霉素、土霉素，造成抗生素超标。一些养殖者为增加大虾的重量，给大虾和螃蟹注入胶水，从而获得更丰厚的利润。另一方面是流通主体的无良行为造成的质量安全隐患。流通者的无良行为主要体现在流通主体的储存和保鲜环节。如为了防腐和卖相好，用甲醛给白菜保鲜，把蓝矾喷洒在韭菜上。禽畜产品流通商和加工商为了牟取暴利，把病死猪和病死禽卖给消费者。这些都属于生产主体和流通主体"无良"导致的农产品质量安全问题。

（三）消费主体的消费倾向对质量安全的影响

在已有研究中很少有人指出质量安全问题的产生与消费者存在一定的关系。通过对消费者的调研和对生产者的访谈，我们认为农产品质量安全问题的确与消费者存在一定的联系。访谈时，某蔬菜农场主举了个例子，从地里直接拔出的白萝卜售卖价格是 0.8 元，而有的生产者把萝卜放在某种有药物的水里处理一下，萝卜变得白净光滑，价格就变成了 1.2 元。这说明消费者购买农产品时倾向于品相好的白净萝卜，致使生产者都对萝卜进行化学处理，这样做不但好销售而且利润还增加了。再比如瘦肉精的屡禁不止与消费者对瘦肉的偏好有直接的关系。笔者到超市生肉专柜调研时发现，绝大部分消费者选择猪肉时会选择瘦肉多、脂肪薄的肉块。调研猪养殖户时他们反映喂食生猪瘦肉精是为了迎合消费者的口味。

受收入水平的限制，消费者尤其是年龄大的消费者注重产品价格，忽略产品质量，甚至是明知有质量问题，但还是购买。以红薯加工的粉条为例，一斤纯红薯粉条的成本在 10 元左右。3 元和 6 元的粉条怎么能是纯红薯的呢？访谈时购买者反映他们也知道 5 元左右的粉条不可能是纯红薯的，但是他们认为口感没大的区别就购买了。这部分消费者在关心价格的同时，只关心食用后是否会立即中毒，只要不中毒就会购买，但一般不关心对身体的累积伤害。从这一点看，质量安全问题的存在与消费者的收入水平有很大的关系，随着消费者收入水平的整体提高，市场上价格低、质量安全水平低的产品自然会淡出人们的消费视野。

（四）监管主体的监管乏力

目前我国农产品质量安全监管工作由国家食品药品监督管理局、农业部、卫生部、商务部、国家质量监督检验检疫局、国家工商行政管理局、质量技术监督局、出入境检验检疫局等部门共同负责。国家食品药品监督管理局的职能是综合监督、组织协调、依法组织查处重大事故。农业部门负责生产环节的监督，监管农药、兽药、鱼药、饲料及饲料添加剂等农业投入品的使用，并负责农产品卫生安全标准的制定。卫生部负责餐饮业和食堂等消费环节。商务部负责食品生产和加工环节的监管，如餐饮、食堂等公共食品环节的环境卫生。国家工商行政管理局负责食品流通环节的监管。卫生部门负责对市场上销售的禽畜产品进行质量抽检。质量技术监督局负责食品生产和加工环节，并负责调查处理国内食品生产加工环节的食品安全重大事故。出入境检验检疫局负责对进出口食品安全卫生质量的检验、出入境动植物的检验。国家于 2010 年成立了国务院食品安全委员会，该委员会作为高层次的议事协调机构除了负责分析形势，制定政策外，还督促落实食品安全监管责任。理论上，这种部门职能明确，具体监管与综合监管相结合的监管体制能使农产品从产前的投入品，到生产过程，再到流通环节，最终到消费者的餐桌，整个过程和各个环节得以充分管控。实践中，由于对农产品生产、流通、消费的监管分属不同部门，存在着各部门权责不清，职能错位、越位、缺位现象，各部门难以协调配合，管理效率低下的问题。王耀忠（2005）、刘玉满（2009）、崔卓兰（2012）等的研究也证明了这一点。此外，我国数量众多、小规模的生产主体，低组织化程度的流通主体使得监管成本高昂，监管执行难度很大，一些政策落地艰难。综上所述，监管体制设置的不尽合理和被监管主体数量众多造成监管主体的监管乏力，这与质量安全问题频发不无关系。

第二节　我国农产品质量安全管控考察

有关农产品质量安全治理的文献可谓汗牛充栋，不同的研究者从不同的视角、不同的层面、不同的维度对质量安全管理进行了研究，提出了很多有价值的建议，有些建议付诸实践取得了一定的成效。笔者从三个角度对农产品质量安全管控的文献进行了梳理：一是从管控体系的角度，二是从管控体系的角度，三是管控手段的角度。下文将综述这些研究，同时剖析这些研究在实践中遇到的障碍和问题。

一　质量管控体系及其缺陷

到目前为止，我国建立起了比较完备的农产品质量安全体系，主要包括法律法规体系、质量标准体系、检验监测体系、质量认证体系，以及管控的组织体系。这些体系文本层面的内容可谓详尽完整，但在实际中遇到诸多问题。本部分首先概括性地梳理这些体系的内容，然后分析哪些内容不符合我国的经济现实。

（一）法律法规体系

在宏观层面，一些研究者（Loader et al.，1999；徐金海，2007）倡导运用法律、法规、规章、制度对微观主体的经济行为进行规范和约束，一些研究者（夏英，2001；周德翼，2002；李功奎等，2004；周洁红等，2003、2006）建议要不断健全农产品质量安全的法律法规体系。到目前为止，我国已经颁布的与农产品质量安全相关的法律法规按农产品生产、流通的环节可分为四个方面：一是产地环境方面的法律法规，如《农业法》《农产品产地安全管理办法》《环境保护法》《基本农田保护法》《大气污染法》等；二是有关农产品投入方面的法律法规，如《种子法》《农药管理条例》《兽药管理条例》《饲料和添加剂管理条例》等；三是规制农产品生产过程方面的法律法规，如《动物防疫法》《渔业法》《农业技术推广法》《农业转基因生物安全管理条例》等；四是有关农产品生产加工和流通管理方面的法律法规，如《农产品质量安全法》《食品安全法》《标准化法》《产品质量法》《无公害农产品管理办法》《绿色食品标志管理办法》《农产品包装和标识管理办法》《中国名牌农产品管理办法》《农产品地理标志管理办法》《中华人民共和国认证认可条例》等。

上述法律法规基本上涵盖了农产品生产的每一个环节和各个行为主体，但为什么没有起到应有的规制作用？没有有效地杜绝质量安全问题的发生？一是立法主体不同导致的执法范围和力度受限。如有的部门（如农业部）有立法权但没有执法权，有执法权的部门（如公安部）却没有执法的动力。二是执法不到位。受执法资源的限制和惰性执法影响，不是每一项违法都能被发现并处罚。实践中，发现的违法事件只是冰山一角，被发现并被惩罚基本上属于小概率事件，这种小概率事件助长了更多的生产和流通主体去违法生产和经营。三是处罚力度较轻。相较于违法带来的巨大收益，我国目前的惩罚力度还是较轻。较轻的惩罚力度间接激励了违法主体为获得巨大的利润继续违法。例如某病死猪肉的经营者被发现后受到了罚款和停止营业的处罚，过一段时间后他又在另一个市场寻到一个摊位继续经营病死猪肉。

（二）质量标准体系

根据农产品质量标准体系管理的领域及范围，我国目前的标准主要有产地标准、投入品标准、生产技术标准和流通标准。产地标准包括产地环境要求、耕地质量要求、农田建设标准等。投入品标准包括农药、肥料、农膜等农业投入品质量要求、检测方法及安全使用准则等。生产技术标准包括水肥管理、生产管理和质量控制、良好农业规范等。流通标准包括等级规格、包装标识、贮藏运输、检验检测和评价方法等。按标准的制定主体不同又分为国家标准、行业标准和地方标准，目前我国这三类标准并存。

从质量标准体系涵盖的内容来看，文本层面的标准已经比较完善，但在实践中存在诸多问题：一是国家标准、行业标准及地方标准并存，国家标准的权威性没有突出和强调，有的行业标准、地方标准与国家标准间存在交叉、重复甚至矛盾的现象；二是在国内最权威的国家标准与国外标准相比，许多标准低于国外，不仅使我国安全标准的国际采标率低，而且造成我国农产品在出口过程中被拒收、退回，给出口企业造成巨大的经济损失；三是国家强制性标准不断更新，但实际执行情况并不乐观。从农业部的网站可以看出，不断有旧标准的废止和新标准的推出，我们调研和标准直接相关的经济主体时，他们却说不知道新标准的内容，以及和旧标准的区别。

（三）检验检测体系

农产品质量安全检验、检测体系构成农产品质量安全重要的技术支撑体系，也是保障农产品质量安全的重要手段之一（金发忠，2004；王志刚，2006）。2007年，农业部启动实施了《全国农产品质量安全检验检测体系建设规划》，自规划实施以来各级农产品质量安全检验检测机构逐年增加，形成了部、省、地、县四级各有侧重、相互补充的检测网络体系。

　　实践中检测体系存在的突出问题主要表现为以下两个方面：一是处于最基层的田间检测力量最为薄弱，很多地方的田间地头处于检测空白地带。可能是我国许多农产品生产农户都处于分散种植、自主经营的耕作状态，田间检测成本极其高昂所致。在具有一定种植规模的生产基地，部分地区的农业部门有抽检措施，但更多的是给生产者免费分发检测仪器，让生产者进行自检。生产者会根据销售方的要求，自行决定是否进行自检，这种检测方式不能对生产者形成有效约束。二是检验检测领域内的资源配置不合理。最接近种植源头的县级检测机构检测资金缺乏，检测人员不足，检测设备陈旧，检测技术落后，相对而言，省级以上农业部门的检测实力比县级强得多。这种检测资源配置不合理造成的检测水平差异会打击地方检测部门的积极性，降低检测效率。我们对某县农业局访谈时，相关人员就反映，"我们没有那么多人手去天天检测，我们的设备也跟不上"。

（四）质量认证体系

　　完善的农产品质量安全认证体系能够有效地消除或降低信息不对称的程度，提升消费者对产品的信任度。张春林和董德宽（2002）、周洁红和黄祖辉（2003）、王玉环和徐恩波（2005）强调政府应在质量安全管理体系建设方面发挥应有的职能。我国政府也为此做了诸多努力，当前我国的农产品质量认证体系主要包括良好农业规范（GAP）认证、无公害农产品认证、绿色农产品认证、有机产品认证、产品生产质量管理规范（GMP）、危害分析与关键控制点（HACCP）管理体系认证等。

　　虽然目前的认证基本上可以覆盖农产品的大部分领域，实际上经认证后销售的农产品所占比例并不高，究其原因，一是由我国目前农产品的生产方式所致。我国一部分农产品的生产是以单家单户、分散种植为主，种植面积和规模都较小，对这类生产者的产品进行认证成本高、难度大。我国很多地区形成了某种农产品生产基地，但大多是以家庭为单位生产，由于每个家庭的认证意愿不同，所以在认证行为上很难达成一致。二是由认证费用问题所致。申请认证者要承担相应的认证费用，这在一定程度上打击了生产者认证的积极性。三是市场机制不完善导致的经认证的产品和没有认证的产品价格没有明显差异，致使很多生产者没有动力进行认证。

二 质量管控体制及其与我国农产品生产流通实践的不契合

一个国家管控组织的合理与否在一定程度上影响管控政策实施的效果和效率。几经改革，我国食品安全管控的组织体系已经初步形成。2013 年国家食品药品监管总局成立后，食品安全监管部门被全面整合，职责划分更加清晰。农业部门主管农产品的生产和加工环节，农产品流通环节由食品药品监管机构主管，农产品零售环节则由工商部门负责。农业部承担了大部分与农产品质量安全相关的职能，具体职能如下：拟订农产品质量安全发展战略、规划和计划，并组织实施；提出农产品质量安全监管方面的法律、法规、规章相关政策建议；组织农产品质量安全监测和监督抽查；组织对可能危及农产品质量安全的农业生产资料进行监督抽查；负责农产品质量安全状况预警分析和信息发布；组织制定农业标准化发展规划、计划，开展农业标准化绩效评价；组织制定或拟订农产品质量安全及相关农业生产资料国家标准并监督实施；指导农业检验检测体系建设和机构考核，负责农产品质量安全检验检测机构建设和管理，负责部级质检机构的审查认可和日常管理；指导农业质量体系认证管理，负责无公害农产品、绿色食品和有机农产品管理工作，实施认证和质量监督；指导建立农产品质量安全追溯体系；指导实施农产品包装标识和市场准入管理；组织农产品质量安全执法；负责农产品质量安全突发事件应急处置。农业部下属的基层单位是农业局，农业局的职能是依法实施对农产品质量的监督，发布病虫害预报及组织指导防治工作，实施对种子、农药、肥料、兽药、饲料、饲料添加剂等农业投入品的质量检测、鉴定和执法监督管理等工作。

由现行管理体制可以看出，虽然农业部承担了与农产品有关的诸多职能，但大部分职能是文本层面规章的制定和对下级部门的监督管理，基本不涉及对农产品的直接监管。农业部的直属基层单位——农业局的主要职能侧重于对农业投入品的监管和提供病虫害防治的服务。实践中，农业局对投入品的监管比较到位，而病虫害防治服务在我国大部分地区没有提供，对农产品生产过程的监管基本没有。就农产品而言，工商行政管理局和食品药品监督管理局的职能是对流通过程中和消费过程中的农产品安全进行监管。由此可以看出，我国的现行管理体制没有一个部门对农产品的生产过程进行直接管理。而我国诸多农产品质量安全问题产生于农作物的生产过程和禽畜产品的养殖过程中，没有对农产品生产过程的监管就不能从生产源头解决质量安全问题。

三　质量管控手段及其漏洞

管控手段是指为实现管控目标和完成管控任务而采用的具体措施，管控手段更多地体现在具体实践和实际操作层面。目前我国农产品质量安全领域正在实行的管控手段主要有产地准出与市场准入制度、市场监测制度和追溯制度。

（一）产地准出制度

《中华人民共和国农产品质量安全法》规定，"农产品生产企业、农民专业合作经济组织及其成员生产的农产品应委托具有资质的检测机构进行检验。检测机构要出具检测结果报告，并对检测结果负责"。农产品基地须查验生产档案记录和检验合格报告（或产品认证等质量证明材料）后出具"农产品产地证明"方能上市销售。

但是在实践中，产地准出制度并没有发挥应有的作用，一是因为我国的农产品生产，以家庭为单位的农户占了很大比例，农户无法提供农产品产地证明；二是生产企业和合作社比单个农户生产规模大，理论上可以提供产地证明，但是，如果没有外在压力，生产企业和合作社也不愿主动花成本聘请检测机构进行检验，提供产品证明；三是基层权威的检测机构数量极其有限，即使生产者有出具产地证明的意愿，也不能以较低的成本得到具有权威性的证明；四是很多批发市场和零售市场不要求出具产地证明，生产者没有压力去记录生产过程。本书认为上述四点是农产品产地证明制度不能有效发挥作用的根本原因。

（二）市场准入制度

农产品市场准入管理是指，经有资质的认证机构或权威部门认证或认定的安全农产品（具体包括无公害农产品、绿色食品、有机食品），或经检验证明其质量安全指标符合国家安全卫生、无公害或检疫等方面的法律、法规、标准及其他质量安全方面规定的农产品准予上市销售。对未经认证或认定的农产品、或经检测检疫不合格的农产品，不准上市交易和销售。法律规定，集中交易市场开办者要履行食用农产品市场准入的管理和食用农产品检查制度，建立健全食品档案和市场信息报告制度，制定食品安全事故处置方案等义务。

实践中，市场开办者尤其是中小市场的开办者没有动力和压力进行市场上农产品的质量安全管理。通过对市场相关管理人员的访谈，了解到市场准入制度没有发挥很好的约束作用，主要表现在以下两方面：一是市场开办者没有动力去管理进入市场的批发商。市场开办者从自身的利益最大化出发，进入市场的批发商越多，农产品的交易量越大，市场所收取的费用会越高，因此他不会严格管理批发商，限制其进入市场而影响市场的经营效益。二是市场开办者没有压力去严格管理批发商。因为虽然工商部门负责农产品流通环节的监督管理，负责检验市场准入的相关证件，包括产地准出证明，检验检疫合格证明，市场合格抽检证明，但实际上由于人力和资金的约束，工商部门不可能考察所有进入市场者的准入资格。所以对市场开办者而言，管与不管、执行不执行市场准入制度对自己没太大的影响。

（三）市场监测制度

市场检测制度是对进入市场销售的农产品进行检测，保证农产品质量达到国家标准的要求。《中华人民共和国农产品质量安全法》第三十七条第一款规定，"农产品批发市场应当设立或者委托农产品质量安全检测机构，对进场销售的农产品质量安全状况进行抽查检测，发现不符合农产品质量安全标准的，应当要求销售者立即停止销售，并向农业行政主管部门报告"。我国有部分地市规定，"市场建立农产品快速检测机构（以下称检测室），配备检测设备和专业检测人员，建立健全检测制度，依照工作程序开展农产品快速检测工作"。

但实践中，市场检测制度的落实情况不尽如人意，一是因为市场没有动力去主动检测每一批农产品，要么不实际执行检测制度，要么是象征性地抽检，致使市场检测形同虚设。二是一些市场虽然设有检测场所，实际上就一间办公室，一两个人，检测设备老化，检测能力有限，只能对数量很少的农产品进行抽检。三是在市场经济不发达的地区，很多县级以下农产品交易市场就没有检测环节，只要向市场管理处交纳一定的费用就可以自由进出市场。

（四）追溯制度

农产品质量安全追溯制度是为解决农产品生产经营信息不对称而使产品信息从生产领域向消费领域传递，消费领域一旦出现质量安全问题，可以向上游溯源的制度安排。2007 年的中央 1 号文件提出，加快完善农产品质量安全标准体系，建立农产品质量可追溯制度，至今已有 10 个年头。

但在经济实践中农产品追溯并没有大面积、广泛地开展，一是因为各经济主体缺乏实施追溯的动力，目前的追溯多是外力推动（如商务部）。建立追溯体系需要投入成本，各经济主体不愿主动建立，参与者也缺乏主动参与的意愿。二是各个地区的追溯平台无法完全有效对接和融合，信息流通不畅，无法建立数据交换和信息共享机制，消费者很难了解到产品每一个流通环节的信息。三是我国小规模生产决定的源头追溯成本极高，一些索票索证制度无法真正落实。

第三节　总结与评述

　　本章首先从信息不对称、农产品的信用品特征，以及逆向选择的角度综述了农产品质量安全问题产生的理论成因。然后，结合本书的研究目标，又从产业链视角、行为主体（生产主体、流通主体、消费主体、管控主体）的角度考察了我国农产品质量安全问题产生的现实原因。由于本书的研究目标之一是立足于我国的农业实践，给出管控政策的选择，所以本章还梳理了我国当前的管控体系、管控体制，以及管控手段，分析了其存在的缺陷以及与经济实践不相契合的原因。

　　通过分析发现，不同国家质量安全问题产生的理论成因基本相似，即在产品质量信息不对称的前提下，由于农产品的信用品特征，生产者和流通主体的逆向选择行为导致农产品质量安全问题。由于各个国家的经济发展阶段、人们的收入水平、消费观念、农业生产体制、流通的组织化程度、质量的管控制度等方面存在诸多差异，使得质量安全问题的现实成因又不完全相同。根据我国的实际情况，我们首先从产前环境、生产过程、流通过程三个环节总结了质量安全问题的表象原因。分析发现，我国农产品质量安全的很多问题产生于生产过程，如农药残留物超标、重金属超标、激素超标。部分质量安全问题产生于流通环节，如保鲜剂的违规使用。但全面提升农产品质量安全水平不仅要重视生产过程和流通过程，还要从产前着手，如改善灌溉水品质，改进土壤肥力，治理大气污染。本章又从农产品流通过程中涉及的四个主体考察我国农产品质量安全问题产生的现实成因，通过分析发现，生产主体和流通主体的无知和无良，消费主体受制于收入的消费倾向，以及面对诸多小规模、低组织化生产者和流通者时监管的乏力是我国农产品质量安全产生问题的一个现实成因。

通过梳理我国农产品质量安全的管控体系、管控体制和管控手段发现，尽管我国监管农产品质量安全的法律法规体系越来越完善，食品质量管控体制越来越科学，管控手段越来越丰富，管控技术越来越先进，但由于与我国农产品生产、流通实践不能很好地耦合，致使管控的效果不太理想。主要体现在以下几方面：一是农产品的生产和流通模式多样，而目前的监管方式单一，监管环节相同，不能抓住产业链中质量安全出现的重点环节，不能对关键点进行管控。二是管控体系架构极其完善，但在实践中存在与现实不符、落实困难、体系间的重复矛盾等诸多问题。三是农产品质量安全的法律法规多是文本意义上的，实践中对经济行为主体的实质约束力不强，没有对微观经济主体形成制度压力。四是管控体制基本合理，但各级管控组织间管控资源配置不合理，表现为生产源头产生的质量安全问题最多，但管控人员数量最少，设备和技术最薄弱。五是管控手段丰富但管控措施落实不到位。一些管控措施的组织实施与落地存在着实施环节多、实施成本高、实施效果差等问题，保障农产品质量安全的作用较为有限。六是管控技术先进，但小规模的生产者和流通者只是被动接受，或是被排除在外。如追溯技术在信息传递技术发达的今天很容易实施，但是作为追溯主体之一的生产者，尤其是小农户很难融入追溯的整个链条之中。

基于我国农产品质量安全问题的现实成因和当前管控与农业实践存在的诸多不契合的地方，本书认为，保障农产品质量安全必须立足于我国农村的基本经营体制和流通现状。我国实行以家庭联产承包责任制为主的农业生产经营体制，家庭是最基本的生产单位，家庭生产的特点就是规模小和分散化，这使得政府对生产源头的直接管控成本极其高昂。只要了解质量安全出现概率较大的关键领域，重点对生产源头中影响力极强的关键主体进行管控，就能以较低的成本实现源头监管。随着农业现代化的发展、土地流转规模的扩大以及农业经营制度的创新，出现了多种农业经营主体（如农户、合作社、家庭农场、农业企业）并存的局面，农产品生产的规模化和专业化程度不断提高，使政府以较低的成本、较高的效率对经营规模大的生产主体进行直接监管变为可能。但需要对目前的管控政策进行调整，以适应多样化的生产主体。

目前我国的农产品流通从单一的"农户（＋经纪人）＋产地批发市场＋销地批发市场＋零售商＋消费者"模式，发展到现在的多种农产品流通模式并存（如：农超对接，大批发商直接到地头收购后运往销地批发市场贩卖给零售商，合作社把产品直接销售给下游的零售商，农业企业或公司直接生产和销售农产品）。而目前的管控重点还主要是基于批发市场的流通模式，而对未经批发市场流通环节的农产品缺乏必要的管控，从而使很多农产品未经任何检测就流向餐桌。另外，农产品从生产到销售，再到消费者手中是一个完整的农产品流通过程，目前的管控制度把生产和流通，甚至流通的各个环节割裂开来，管控措施在组织和落实过程中出现了重复监管和监管空白并存问题，不仅浪费了监管资源，还降低了管控效率。

基于以上分析，本书立足于我国的农产品生产和流通现状，从流通模式视角，以每种流通模式所对应的产业链为切入点，以各生产、流通主体为分析对象，探究如何在制度层面对农产品质量进行低成本、高效率的管控。

第三章　研究的理论基础

本章主要介绍本书中的相关理论，为构建安全农产品供给动力机制模型提供理论基础。首先概述了系统发展的动力机制理论、信息不对称理论和交易费用理论的基本原理，然后解释了在分析安全农产品流通系统时运用这些理论的可行性。

第一节　系统发展的动力机制理论

用系统论分析问题的主要思路是，分析所研究的对象是否具备系统的特征，如果具备系统的基本特征，再进一步分析系统的结构和功能，并研究系统、要素、环境三者的相互关系和系统演变的规律。

一　系统及其特征

"系统"是人们在长期实践活动中发展而成的一个概念。由于人们实践目的、认识角度和思维方式的不同，对于系统有着不同的理解和定义。系统作为一个科学概念引入到科学领域是在 20 世纪 20 年代后期。生物学家贝塔朗菲（1972）、科学家钱学森（1990）、系统论的研究者许国发等（2000）都从不同视角对系统进行过描述。虽然到目前为止，系统没有一个公认的、统一的定义，但学界已就系统的以下几点达成了共识：一是系统由相互联系、相互作用的要素构成；二是系统有其特定的结构和所实现的功能；三是系统不是封闭的，它不断与外界环境产生联系；四是一个系统同时是更大系统的子系统。

　　界定和深入理解某个系统首先要认识系统的特征，系统的特征主要包括以下五个方面：（一）系统的整体性。指系统是一个整体，它由各个要素构成但不是各个要素的简单相加。一个系统会具备某种特定的整体功能，该功能不是单个要素所具备的，而是系统的各要素共同发挥作用的结果。（二）系统的相关性。一方面是指构成系统的各要素之间相互联系，另一方面是指系统与要素之间相互作用，即系统的各个要素或系统的某部分发生变化会对其他要素、其他部分产生影响。（三）系统的功能性。每个系统都有特定的功能，系统的功能是各系统相互区别的主要标志之一。（四）系统的动态性。任何系统都不是绝对静止的，是动态变化的，处在不断的运动和发展之中，与外界进行着信息、物质和能量的交换。（五）环境的开放性。系统与其所处的环境之间不断进行信息、物质和能量的交换，因此外界环境的变化会引起系统特性的改变，并相应地引起系统功能和系统内部各部分相互关系的变化。系统只有具备对环境的适应能力，才能保持最优状态并发挥系统功能。

　　根据上述对系统的论述，我们分析农产品流通，判断它是否具备系统的特点和功能。第一，农产品流通系统包括诸多要素，有生产资料的生产者、生产资料的经销者、农产品生产者、各种批发商、零售商和消费者组成的流通主体，有各类农产品组成的流通对象，有各类市场构成的流通载体，还有保证流通顺利进行的规制政策和相关服务。第二，各要素之间相互联系、相互作用。具体体现为：既有农产品实物从产地市场到销地市场的转移，也有商品所有权从生产者到流通主体再到消费者的转移，还有各流通主体货款的易手和信息在不同主体间的传递。第三，农产品流通系统有其特定的功能，其最主要的功能是完成农产品从生产领域到消费领域的转移，同时实现价值和价值增值。第四，农产品流通系统是不断变化、不断调整、不断发展的。由我国农产品流通的历史实践可以看出这一变化，流通主体越来越多元，流通模式越来越多样，流通技术越来越发达，流通时间不断缩短。第五，流通系统的适应性。表现为，随着人们收入水平的提高、生活节奏的加快、消费需求的多样化，该系统不断发生改变，如为保证流通便捷、减少流通环节，为满足异质性的消费需求而出现不同的流通模式。通过上述分析，我们可以看出农产品流通系统具备系统论中系统的特征，我们可以用系统论的方法对其进行分析。根据系统论，一个系统又由若干子系统组成，据此农产品流通系统包括许多子系统，一般可以把农产品的不同流通模式看成农产品流通系统的一个子系统。

二　自组织理论

自组织系统理论简称自组织理论，该理论是在 20 世纪 60 年代建立并发展起来的一种理论。它的研究对象是组织系统，可以是自然系统，也可以是社会系统。系统理论从整体性和相关性立场上把握事物，而组织理论则从结构和有序化的立场上分析事物。自组织系统理论主要研究在没有特定外部干预下，由系统内部要素相互作用而使系统自行从无序到有序、从低级到高级、从一种有序到另一种有序的演化过程。下文将概括性地介绍本书所用到自组织理论中的几个概念和基本原理。

（一）快变参量、慢变参量、序参量

在一定条件下，系统处于一定的状态，每种状态用一组量来表征，这些量称为状态参量，简称参量。在复杂事物中，系统的参量很多，主要有快变参量和慢变参量。快变参量是指随时间变化很快，减弱速度很快，弛豫时间①很短。慢变参量是指在接近临界点时不是迅速衰退，而是缓慢增长，代表系统的不稳定。决定系统有序结构和类型的慢变参量，称之为序参量。序参量一方面是系统内部大量子系统运动（竞争与协同）的产物，另一方面序参量一经形成，又起着支配或役使子系统的作用，主宰着系统整体的演化（李志平，2008）。许多系统在演化过程中，往往形成多个序参量。在

---

① 表示系统由不稳定状态到稳定状态所需要的时间。

系统演化的时间维度上，这些序参量可能具有协同的关系，也可能具有相互竞争的关系。这种竞争、协同带来的系统演化，使得一个或少数几个序参量的模式战胜其他序参量的模式，取得主导地位。

（二）涨落

状态参量对其平均状态的偏离称为涨落。系统通过涨落触发旧结构的失衡，探寻新结构。黄绍晖（2011）总结了涨落作用于系统的过程，即涨落可以由系统内部要素运动引起，也可以由环境的变化引起，外部环境不停地发生变化，并通过各种渠道作用于系统；当系统的某个参量的变化达到一定的阈值时，通过涨落，系统可能由无序状态转变为新的有序结构。涨落使系统处于一种不稳定状态，临界点的微涨落通过系统的非线性机制放大，对系统的演变产生触发作用。涨落的作用表现为：当系统处在平衡状态时，涨落对平衡产生干扰，促使系统发生自组织演变；当系统稳定到新的结构状态时，涨落又起到维持新结构稳定有序的作用。湛垦华、孟宪俊和张强（1989）"从形成涨落作用的主要因素把涨落区分为内涨落与外涨落。内涨落是指主要由自组织系统内部因素所引起的涨落作用形式。外涨落是指主要由自组织系统外部因素所引起的涨落作用形式"。

（三）非线性作用

系统内各要素不是简单地聚合在一起，它们之间也并非单向因果关系，而是存在复杂的非线性相互作用。通过要素之间非线性作用或子系统之间的非线性作用（协同作用和相干效应），系统可能会产生时间、空间或功能上的稳定结构，表现出新的有序状态。

（四）反馈

信息反馈的调控作用影响系统稳定性。负反馈强化系统的稳定性，正反馈使系统远离稳定状态。在一定条件下涨落通过正反馈得以放大，破坏系统的原有稳定性使系统进入新的稳定状态，因此正反馈可以推动系统的演化。

（五）稳定原理

开放系统能够在一定的范围内进行自我调节，保持和恢复系统原有的有序状态、既定功能和结构。当系统的参量处于某个范围时，系统处于稳定平衡状态；当系统参量超出了某个范围。系统就成为非稳定的，随着系统的进一步演化，系统在新的位置形成平衡。

（六）突变原理

突变是指系统失稳而发生状态变化，它是系统质变的一种基本形式。系统发展过程中突变的原因和方式很多，使系统质变和发展也存在多样性。突变原理用来研究系统何时采取渐变和突变方式推动系统演化。

（七）开放性原理

系统具有不断与外界环境进行物质、能量、信息交换的性质和功能。开放是系统演化的前提，也是系统稳定的条件。开放系统的熵有两部分，系统本身运动过程引起的熵增加以及系统与外界进行信息、物质或能量交换时产生的熵减少，即负熵流增加。开放系统的负熵流如果大于它自身的熵增加，系统就可以由无序向有序发展。负熵流能使系统更加有序，正熵流则导致系统的无序化。

（八）役使原理（支配原理）

根据哈肯的观点，系统在演化过程中，支配和主宰系统演化的参量是慢变参量，即序参量。因为接近状态变化的临界值时，快变参量由于变化太快，以致在对系统产生较大影响以前就消失了，而序参量变化相对缓慢，支配和役使着系统变化。序参量由子系统的竞争与协同产生出来，同时它又支配着系统的演化，这称为协同役使原理。它从系统内部稳定因素和不稳定因素间的相互作用方面描述自组织过程。

（九）协同原理

按照哈肯的观点，协同是指系统中诸多子系统的相互协调、合作，采取联合行动或集体行为。系统能否发挥协同效应是由系统内部各要素或各子系统的协同作用决定的，协同得好，系统的整体性功能就好。协同是系统整体性、相关性的内在表现，它为系统的演化确定方向。

本书把农产品流通看成一个自组织系统，我们分析该系统的运行、演化以及向安全农产品流通系统转化的条件。

三　系统发展的动力机制

动力机制在不同的学科、不同的研究领域，从不同的视角、不同的层面有着多种解释（赵建欣等，2014）。郝英奇和刘金兰（2006）在分析了管理学、经济学、系统动力学中的动力机制后总结为"在政策层面上，动力机制是各种管理措施相互支持、补充、衔接和制约的耦合；在功能层面上，动力机制是对人的积极性的诱导、激发、强化与整合；从机制分析的角度看，动力机制是由多个子机制构成的，如导向机制、激励机制、约束机制和控制机制；从机制设计的角度看，动力机制是组织内部权力、责任、利益的优化配置；从系统分析的角度来看，结构是要素之间的相互关系，机制是要素之间的作用机理，结构透过机制而派生功能。"本书从系统论的角度研究安全农产品供给的动力机制，因此下文只概括系统产生、发展和演化的动力机制理论。

系统理论认为，自组织系统演化的内在动力来自系统内部的竞争与协同两种相互作用。系统内的竞争使系统趋于非平衡，而系统内的协同是在非平衡条件下，使子系统中的某种变化趋势越来越强，从而占据主导地位，支配系统整体的演化。协同作用不仅是子系统之间的协作，还包括序参量把多个子系统的运动统一到一个方向，形成向某一特定方向发展的趋势，这种趋势发展到一定程度使系统产生新的结构和功能。协同是系统形成新的有序结构的内在动力。空间维度上，系统内的相互作用表现为系统的结构、联结方式；时间维度上，表现为系统的运动变化趋势。系统内各要素间的非线性相互作用使得各方力量总是处于此消彼长的变化之中，从而导致系统整体的变化。系统演化的外部条件是系统与环境的相互作用。系统在开放的前提下，不断与外界进行物质、能量与信息的交换。当外界对系统输入的能量越来越多、越来越强时，系统内部会发生比较大的变化，有可能驱使系统离开原来的状态。

系统演化的直接诱因是随机涨落。系统内子系统或各要素发生非线性相互作用，发展到某一临界值形成涨落，在临界值处产生分支，或使系统恢复原系统结构与功能，或是演化为具有新结构、新功能的系统。由于系统的内外相互作用，系统要素性能会有偶然改变，耦合关系会有偶然起伏，环境会带来随机干扰。

系统发展的动力机制可以概括为：系统在开放的条件下，不断与外界进行物质、能量、信息等的交换，系统内各要素之间发生着非线性或竞争或协同的相互运动，非线性相互作用机制可以将临界点的微涨落放大，触发系统演变。而在控制参数越过临界点时，非线性机制又对涨落产生抑制作用，使系统稳定到新的耗散结构分支上。

本书要考察各农产品流通主体安全农产品供给的动力来源，动力机制以及农产品系统的演化。我们将用动力机制理论分析农产品流通系统向安全农产品流通系统演化的动力机制、实现方式，以及如何实现。

第二节 信息不对称理论

古典经济学中假设"经济人"拥有完全的信息，行为主体在信息完备的基础上进行经济决策。但在经济实践中，行为主体由于认识水平、或是技术手段、或是制度的原因，不可能掌握完全的市场信息。新制度经济学放松了信息完全的假设并提出，信息作为对行为人经济决策有价值的资源之一，信息的传递、获得都需要花费成本，行为主体不可能拥有完全信息。一般情况下，真实世界中获得产品信息的费用都不是免费的。在市场交易中，当交易一方无法观测和了解另一方的行为或无法获知另一方行动的信息时，或由于观测监督成本高昂而不去了解交易的信息时，交易双方便出现信息不对称（赵建欣，2008）。交易双方存在严重的信息不对称时，掌握信息的一方可能通过欺诈等手段获取个人利益。信息不对称和人的机会主义行为将导致逆向选择问题。在信息不完备的市场，逆向选择使得质量优、价格高的商品退出交易，而质量劣、价格低的商品充斥市场，从而摧毁消费者对市场的信任，最终降低整个社会的福利水平。

根据制度经济学理论，农产品的质量信息不对称为生产经营主体的机会主义行为提供了可能。Nelson（1970）、Darby 和 Karni（1973）针对产品质量信息不对称，提出了商品的三类特性，即搜寻品特性、体验品特性和信用品特性。搜寻品（search goods）是指生产者和消费者之间拥有的质量信息是对称的，消费者在购买商品前通过自己的检查能够了解商品的质量，生产者或销售者无法隐藏质量信息。体验品（experience goods）是指消费者在购买前无法全部了解商品的质量信息，只有在使用商品后才能了解商品的质量。信用品（credence goods）是指即使消费者使用商品后也无法了解商品的质量信息，或者是了解商品的质量信息需借助特定的技术，需要付出比较高的信息获得成本。食用农产品作为一种信用品，由于其质量信息不对称致使质量安全问题的发生存在可能。如果市场上的检验检测机制不完善，政府的管控体系不健全、农产品生产者和经销商的机会主义会加剧质量安全问题的频发。

本书中，各流通主体的行为决策是在质量信息不对称条件下进行的。具体而言，农产品生产经营者掌握化肥使用、农药残留、微生物污染等农产品质量安全状况的信息，部分生产经营者利用自身的信息优势，提供虚假、隐匿、误导信息，甚至故意把不安全农产品销售给顾客。本书将利用信息不对称理论，分析在信息不对称背景下各流通主体如何进行自己的行为决策；通过什么途径解决信息不对称问题；流通主体掌握了完全信息，如何传递信息使价格能够体现产品的质量安全水平。

第三节 交易费用理论

交易成本（Transaction Cost）又称交易费用，最初由科斯 Coase（1937）提出并用于经济学的分析。交易费用指价格机制在市场经济交换过程中产生的一切不直接发生在物质生产过程中的成本，包括发现价格的成本、谈判成本、签订契约的成本、契约的履行成本。不同的交易往往会产生不同的交易成本，威廉姆森（1975）将交易成本分为搜寻成本（搜集商品信息和交易对象信息的成本），信息成本（取得交易对象信息以及与交易对象进行信息交换所需的成本），议价成本（针对契约、价格、品质讨价还价的成本），决策成本（进行相关决策与签订契约所需的内部成本），监督成本和违约成本（监督交易对象是否依照契约内容进行交易的成本和违约时所需付出的事后成本）。威廉姆森（1985）进一步将交易成本进行整理，按照发生的时间区分为事前成本与事后成本两大类。事前的交易成本包括签约、谈判、保障契约等成本，而事后的交易成本则包括契约不能履行所导致的成本、双方调整适应不良的谈判成本。张五常（1992）将交易成本的内涵扩大为包括信息收集与处理成本、契约签订的谈判成本、契约拟定和实施中的各种成本、维护产权的成本、监督管理的成本和制度结构变化成本在内的一系列制度成本。弗鲁伯顿（2002）认为交易成本包括使用市场所发生的成本（也被称为市场型交易成本，主要包括为签订契约的准备成本、签约过程中发生的各种成本、履行契约和监督契约顺利执行的成本）和企业内部维持企业运行所发生的成本（也被称为管理型交易成本，是为保证企业高效率运转而制定和实施各种制度安排的成本）。简言之，交易成本是在完成一笔交易时，交易双方在买卖前后所产生的各种与此交易相关的成本。

　　威廉姆森（1985）认为交易成本的高低受到交易的不确定性（uncertainty）、资产的专用性（asset specificity）和交易频率（frequency of transaction）三个因素的影响。

　　交易的不确定性指交易过程中各种风险发生的可能性。由于人的有限理性和环境的变化，人们无法完全预测未来交易，使交易充满不确定性。交易双方会通过契约来保障自身的利益。签订契约的议价成本和保障契约实施的监督成本因此而提高，从而使交易成本增加。

　　资产专用性是指资产转作他用带来的经济损失。交易后所投资的资产不再有市场流通性，或者契约一旦终止，投资于资产上的成本就难以回收或转换使用用途。专用性既包括人力资本又包括实物资本，两者都可以在某种程度上被锁定而被投入特定的贸易关系。

　　交易频率指在特定时间内交易发生的次数。交易的频率越高，交易双方的议价成本也越高。影响交易频率的因素主要有交易技术和交易所处的制度环境。例如，先进的信息搜集和传递技术有助于降低信息搜寻成本，减少信息不对称程度，降低议价成本，从而提升交易频率。再如规范的价格制度有利于交易活动的顺利进行、交易规模的扩大，有利于提升交易效率。

　　在市场经济背景下，各流通主体追求利润最大化，节约交易费用能提升企业的利润空间。本书将运用交易费用理论解释不同流通模式中，起主导作用的经济主体供给安全产品的动力，以及各流通主体对交易模式的选择行为。

第四章 我国农产品流通模式与质量安全管控现状分析

本章首先概述我国农产品流通现状，指出与质量相关的农产品流通中存在的主要问题。然后介绍调研地区的农产品流通状况和质量管控状况，通过分析发现，质量管控方式与农产品流通模式密切相关。而识别农产品流通模式中起主导和核心作用的主体并对其进行重点管控是质量安全管控政策富有针对性以及有效性的根本。基于此，根据每种流通模式中的核心主体不同，本章对我国当前的主要农产品流通模式进行分类，并概括了每种流通模式的特征。

第一节 我国农产品生产流通现状与影响质量安全的因素分析

本节内容首先从农产品的生产规模、生产和流通主体构成、流通渠道、流通设施以及对流通的管理概述我国目前的农产品生产和流通现状。其次，总结农产品生产和流通过程中农产品质量安全问题的表现。最后，从流通的视角分析我国农产品质量安全问题产生的原因。

一 我国农产品生产流通现状

近年来，我国农产品生产由单家单户的小规模经营逐渐走向规模较大的农场经营和合作社经营。产地批发市场布局也随之发生变化，部分市场在萎缩、凋敝甚至退出；部分市场的交易规模在扩大，功能更加齐全；在一些新形成的农产品生产基地区域出现了新的产地批发市场。随着交通条件的改善和通信技术的发展，田间地头市场的交易数量和规模不断扩大，这大大节约了交易成本，但也增加了质量安全的监管难度。农产品的交易方式向多样化发展，既有经产地批发市场和销地批发市场的传统交易方式，也有通过电子商务生产者和消费者的直接对接方式；既有从地头直接到销地批发市场的流通方式，也有消费者直接定制所需农产品的方式。参与农产品流通的主体日趋多样，生产者、经纪人、批发商、合作社、加工企业、贸易公司、零售商、电子交易平台、物流公司等诸多角色都参与了农产品流通的某个环节或节点。

总体而言，我国农产品生产规模有增无减，市场数量快速增加，市场规模不断扩大，交易方式多样化发展，交易功能增多。我国已初步形成了由产地市场、销地市场和集散市场统筹发展，综合市场和专业市场互补互进，以大中城市为核心，遍布城乡的多层次、多元化的市场流通格局。具体而言，流通状况的变化主要表现为以下几方面。

（一）生鲜农产品的种植规模和禽畜产品的养殖规模不断扩大，流通模式多样化

随着人均收入水平的提高，人们对生鲜农产品和禽畜产品的需求越来越大。与市场需求相呼应，生鲜农产品和禽畜产品的生产规模也越来越大。下面以居民广泛食用的农产品蔬菜和猪肉为例，分析我国从2001—2016年生产规模和流通模式的变化。

从图4-1可以看出，从2001年到2016年我国蔬菜的产量整体而言是一个增加的态势。从图上可以比较明显地看出，2006年的蔬菜产量有一个比较明显的下降趋势，通过查阅资料我们了解到，2006年蔬菜种植面积减少是受到前一年蔬菜出口量减少的影响。2005年以前我国蔬菜出口结构比较单一，主要出口国以日本、韩国和东南亚为主，其中对日出口占有很大比例。2005年日本肯定列表制度出台，我国蔬菜出口严重受阻，原来出口的蔬菜用来内销，国

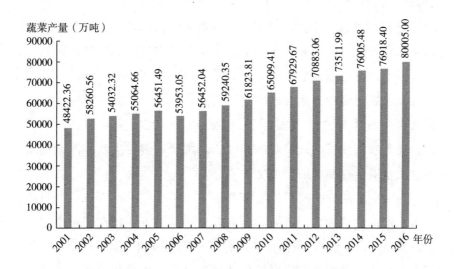

图 4 – 1 我国 2001—2016 年蔬菜产量

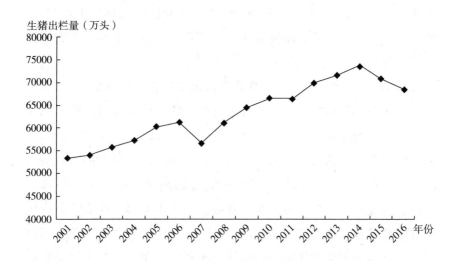

图 4 – 2 我国 2001—2016 年生猪出栏量

内市场供大于求,蔬菜价格下降,打击了生产者种植的积极性。经过此事件以后,一方面国内生产者提高蔬菜质量,突破肯定列表带来的壁垒,另一方面开拓新的国际市场,优化蔬菜出口国结构。

2007 年以后的蔬菜生产又恢复了上升趋势。国内蔬菜生产有多种模式：既有大规模的基地生产，也有小规模的农户家庭生产；既有合作社生产，也有家庭农场生产；既有加工企业承包土地自己生产，也有农业公司流转土地自己生产。与蔬菜的生产模式相对应，流通模式也多种多样：既有多环节、多渠道的，也有少环节、少渠道的，还有农田和餐桌直接对接的模式。蔬菜的多种生产和流通模式为其质量安全控制增加了难度。

随着生活条件的改善，禽畜产品进入了人们的日常餐桌，致使对禽畜产品的消费大幅增加。以生猪为例，2016 年的肉猪出栏量是 2001 年的 1.29 倍①。虽然生猪出栏量有年度波动，但整体而言，处于上升趋势。现在农户家庭养殖的越来越少，规模化养殖处于上升趋势，伴随这种生产模式的变化，禽畜产品的流通由原来的多种流通模式并存向主要的集中流通模式变化，即"养殖场 + 超市"、"养殖场 + 加工企业"、"养殖场 + 屠宰商 + 零售商"。目前的流通模式，流通环节减少，流通主体规模变大，这在一定程度上为质量控制提供了便利条件。

（二）生产主体以单一家庭为单位向多经营主体转变

近年来，我国农产品生产由单家单户的小规模经营逐渐走向规模较大的农场经营、合作社经营以及公司经营。随着农村劳动力向城镇的转移及农地流转的加快，以家庭为单位进行农产品种植的越来越少。在市场发达、农业产业链完善的地区，家庭种植还算红火。在农业产业链不完善或非农就业机会多的地区，小农户家庭生产在不断萎缩，土地向少数从事农业生产的人手中流转。究其原因，一是因为价格波动大，种植收益不稳定，单家单户不愿承担较大的风险；二是可供选择的就业渠道较多，许多农民放弃种地，选择到城镇打工，不仅可以谋生，甚至比种地收入还高。随着家庭经营的退出，合作社、家庭农场、农业公司在农业领域愈显活跃。尽

---

① 根据国家统计局网站牲畜饲养数据计算所得。

管我国的合作社在组织制度方面欠规范，但能够把农户组织起来，购买农资、提供生产服务、开辟销售渠道。家庭农场无论是在种植业还是在养殖业都显示出了优势。一些成熟的家庭农场，在几年的探索中，找到了最合适自己的生产规模，积累了管理经验。近几年一些工商资本进入农业，注册农业经营公司，生产和经销农产品，提高了农业经营的一体化程度。

（三）流通主体构成更加多样化

农产品流通主体有农产品生产者（包括农户、家庭农场、合作社社员和具有自由生产基地的加工企业、农产品生产公司等）、农产品加工企业（包括以家庭为单位规模较小的家庭加工厂和具有一定规模的企业）、物流配送者（包括配送公司和个体运输商）以及各类经销商（包括农产品的批发商和零售商）。在我国活跃在各个流通环节的经纪人、代收商也是当前流通主体的重要组成部分。这些流通主体规模不等，组织化程度不同，现代化水平不等，既有以家庭为单位的小规模生产者，也有现代化水平较高的生产公司；既有个体流通经纪人，也有组织化程度很高的批发公司；既有技术水平较低的生产作坊，也有现代化的加工企业。

（四）流通设施日趋完善

农产品流通所需的基础设施建设对提高运输效率、降低物流成本、有效保证农产品质量具有重要作用。近年来，我国的农产品流通设施投资规模与建设不断发展，相继成立了一批现代化的物流基地、物流园。一些老旧批发市场基础设施进行了升级和完善，同时还新建立了一批集交易、运输、信息、结算等功能在内的现代化的批发市场。交通运输设施，规模也不断扩大，路网布局不断延伸、扩展与完善，为产品流通缩短了空间距离。专业化的物流能为农产品流通提供常温和冷链两种运输服务，最大限度地满足长距离和短途运输的需要。信息发布网络、电子报价系统、电子结算平台相继建立，农产品流通不断向现代化方向迈进。

（五）多种农产品流通渠道并存

当前，我国的农产品从生产出来到送到消费者手中，经历的环节有多有少，渠道有长有短。一些农产品需要经过生产者、产地经销商、销地批发市场、销地农贸市场，如一般蔬菜水果流通。有些农产品到达消费者手中只需经过零售商一个环节，如"农户 + 超市"。有些农产品在地头就和餐桌实行了直接对接，如实行会员制的蔬菜交易。不同的农产品流通渠道长短各异，相同的农产品所经历的流通环节也可能不一样。流通环节多少和流通渠道长短除影响流通费用外，还影响农产品的质量安全。一方面流通环节越多，流通渠道越长，产品需要保鲜技术，增加了质量隐患。另一方面，流通环节越多，产品经多次易手，各流通主体很难交换产品质量信息，致使出现安全问题查找根源的难度加大。

（六）市场监管与服务功能不断加强

随着市场机制的不断完善，政府对市场的监管和服务功能不断加强：一是商品流通方面的法律、法规、规章、制度不断完善。有关流通主体、市场秩序、市场监管、流通产业作用等方面的法律规范及其体系不断健全。例如 2012 年农业部颁布的《全国农产品质量安全检验检测体系建设规划（2011—2015 年）》，2012 年 10 月 1 日实施的《农产品质量安全监测管理办法》，2012 年 12 月 17 日生效的《国务院办公厅关于加强鲜活农产品流通体系建设的意见》，2014 年 12 月 24 日生效的农业部《关于加快推进农产品质量安全信用体系建设的指导意见》。二是农产品流通的管理体系已初步建立，形成了商务部、发改委、工商总局、交通部、卫生部、农业部、质监局、工信部等政府职能管理部门的协同管理、分工协作的监管架构。三是一些具体的监管制度和措施不断落实，如市场准入制度、商品检验检疫制度、产品标识制度等，使商品流通领域的假冒伪劣违法行为得到了一定程度的遏制。四是市场管理不断走向规范化、科学化和制度化。例如，在批发市场，客商进出市场所交的每笔费用都有依据，在零售市场尤其是城市的零售市场会有电子屏滚动告诉消费者主要品种农产品的价格行情，以及检验检疫结果。

二　目前农产品质量安全问题的表现

根据我们的调研，目前我国农产品质量安全问题主要表现在五个方面：一是药残超标，二是重金属超标，三是微生物超标，四是滥用激素，五是保鲜剂违禁使用或超标。本节首先介绍农产品质量安全问题的表现，为后文分析农产品质量安全产生的深层次原因奠定基础。

（一）农药、兽药残留超标

农药兽药超标是造成生鲜农产品和禽畜产品质量安全最主要的因素。由于蔬菜的生长周期较短，农药残留超标在蔬菜中最为常见。例如2016年4月至6月，山东省食品药品监督局在对生鲜农产品的抽检中，查出三家超市出售的散装蔬菜农药残留超标。检出某饭店使用的芹菜氟虫腈、甲拌磷残留超标。检出某饭店使用的韭菜毒死蜱残留超标。兽药超标一般存在于生鲜水产品、禽畜产品，以及蛋奶产品中。如2016年11月27日在某幼儿园鸡蛋中检出恩诺沙星和环丙沙星兽药残留。2016年11月7日，北京市食药监局公布了7家超市等销售的不合格水产品。其中，在华冠超市销售的鲜鲈鱼、乐天超市销售的冰鲜海鳜鱼中检出违禁兽药孔雀石绿；检出永辉超市销售的鲫鱼、淡水鲈鱼恩诺沙星含量分别为730μg/kg、29432μg/kg，超出国家标准（≤100g/kg）29倍之多[①]。在生产过程中，由于我国农药使用者比较分散，且整体素质较低，统防统治、绿色防控等植保措施难以落实到位。因此，农药超范围使用、超剂量使用、不按照操作规范施药等有意无意地违规使用农药的问题仍然一定程度地存在着，导致产品中农药残留超标。

（二）微生物超标

在生鲜农产品中，一些生鲜蔬菜由于生产环境被污染，或收割

---

① 张家口新闻网，http：//www.zjknews.com/news/xiaofei/xiaofei/201611/30/159104.html，2016年11月30日。

后用污染的水清洗，或是运输过程中受到污染而造成微生物超标问题发生，例如 2013 年我国出口到加拿大的大芋头因带有有害微生物被通报①。一些散装的肉品由于操作过程不符合卫生规范、产品交叉污染、食品贮存防护措施不到位、裸露销售或包装不严也会产生微生物超标问题。微生物超标也是一些城市中个别鲜奶吧生鲜乳品存在的主要问题之一。

（三）重金属超标

随着我国工业化进程的加快，农产品的重金属污染越发严重。如沸沸扬扬的"镉大米"事件就是典型的重金属超标事件，2013 年我国出口美国的扇贝多次检出重金属超标而被预警通报②。目前，国际上公认影响比较大、毒性较高的重金属有 5 种，即汞、镉、铅、铬、砷。有毒重金属类物质进入人体后，不易排出或者分解，达到一定浓度后，会危害人体健康。导致农产品重金属含量超标的原因，一方面来自种植环境，如用被重金属污染的灌溉用水和土壤种植农产品，就有出现重金属含量超标的可能；另一方面来自农药化肥的不科学使用，如大量使用化肥和农药，里面的重金属被植物体吸收并富集，导致可食用的植物体某个部分重金属超标。

（四）滥用植物生长调节剂和激素

我国是世界上应用植物生长调节剂最广泛的国家，主要用于调节农作物的生长发育，提高产量和改良品质，消灭杂草，促进蔬菜水果肉质部分的生长，使植物提前开花成熟以调节收获时间等。植物生长调节剂与其他农药一样，也有一定的毒副作用，因此每种植物生长调节剂都有特定的用途，而且应用技术要求相当严格，只有在特定的施用条件（包括外界因素）下才能对目标植物产生特定的功效。一些不法生产者在利润的驱动下，存在过量或滥用植物生长调节剂的现象。如对皇冠梨和桃子用调节剂催熟，为了使西红柿、

① 国家质量监督检验总局进出口食品安全局。
② 国家质量监督检验总局进出口食品安全局。

黄瓜外观整齐漂亮，超量使用生产调节剂。"催熟香蕉""爆炸西瓜"和"不落花黄瓜"都是滥用植物生长调节剂的表现。动物激素的滥用更多地表现在禽畜的养殖过程中，如"90 天催肥一头猪，30天养出一笼鸡"是养殖业滥用激素的最直观表现。

（五）超标准使用保鲜剂或非法添加

为了保鲜或增加农产品的色泽或口感，农产品的生产者或经营者会使用一些保鲜剂。保鲜剂的不当使用会给产品带来安全隐患。有的不法分子甚至使用有害品给农产品保鲜，如：给白菜根部喷洒甲醇防治烂根，夏季不法商贩用硼砂给猪肉保鲜，在苹果表面喷洒溶蜡和防腐剂保鲜。经过保鲜处理的农产品不仅可以保水、保重，还增加了外观的光亮度，容易以较高的价格售卖。为了提高水产品的存活率，一些商贩非法添加一些禁用品。如在 2015 年 2—6 月国家食药监总局专项抽检中，有 51 个批次的淡水、海水鱼虾被查出非法添加了孔雀石绿、呋喃西林。

三　影响我国农产品质量安全的因素分析

前文分析了我国农产品质量安全问题的表现，下文从流通视角、流通渠道、流通设施、流通的制度环境等几个方面对农产品质量安全问题产生的影响因素进行分析。

（一）流通主体的规模和组织化程度对农产品质量安全的影响

流通主体的规模和组织化程度对农产品质量安全的影响表现为，规模越大、组织化程度越高的流通主体货源相对固定，销售渠道稳定，交易过程规范，出现质量安全问题便于追溯查找。因其规模大，故专用性资产投资也较多，为减少自身风险，流通主体有动力保障质量安全。

我们农产品流通主体的突出特点是规模较小，渠道关系松散。我国大部分农产品的生产以农户家庭生产为主，组织化程度高、运行规范的合作社生产目前还不普遍，具有自有基地的公司生产所占比例更是极少。在市场上大型批发商数量有限，大部分是小批发商和单个的经纪人。在零售方面，零售商大多数是以家庭为单位，农产品销售一部分是通过超市，一部分是进入社区的具有一定规模的专卖店。对这种规模小、组织化程度低的流通主体而言，影响农产品质量安全的原因表现为三个方面：其一，是因为买卖双方多为一次性交易、随机交易，这种随机性交易使得各流通主体关系松散。就保证农产品质量而言，因为没有对产品质量的保障约定，使得质量往往被忽视，即使出现质量问题，要查找问题出现的根源也要花费较高的成本。基二，随机交易使得产品信息很难通畅地传递，索证索票，产品标识很难在小规模主体间进行。其三，对数量众多规模较小的流通主体进行监管的成本高昂，实践中很难落实。

（二）流通渠道长短对农产品质量的影响

流通渠道越长，农产品在路途的时间越多，发霉变质的可能性越大，使用保鲜剂的可能性越大，农产品的质量安全水平自然会降低。目前，我国很多地区的农产品流通存在流通渠道迂回问题，如河北很多地区的蔬菜先进入山东的批发中转市场，然后再迂回到北京和天津销售。据我们的调研，流通渠道迂回的原因主要是一些农产品的产地缺乏集仓储保管、分拣加工、信息处理、装卸运输、配送于一体的综合性批发市场。对流通商访谈时他们反映，把河北的农产品运往山东虽然增加了运输费用，但降低了配货成本，即在河北配满一车货要到几个地方去收购，而在山东寿光的一个市场就能轻而易举地配满一车货。流通渠道迂回不仅直接增加了交通费用和流通成本，还延长了流通时间，增加了农产品的物质损耗。为降低损耗，流通商不得不延长保鲜时间。在保鲜剂的选择上出于利润最大化动机，在外部监管缺位的情况下，流通商倾向于过量使用保鲜剂甚至使用违禁品保鲜。如山东某地区就出现过用高毒农药为生姜保鲜的案例。迂回的流通渠道、过多的流通环节、较长时间的储存和运输，在一定程度上增加了农产品的质量安全隐患。

（三）流通设施对农产品质量的影响

流通设施现代化水平越高，越能从硬件上保证质量安全。比如高效快捷的运输网络，缩短了流通时间，从而保证了农产品的新鲜

度。比如即时的检验检疫设备对违规经营者会起到震慑作用；比如
功能齐全的批发市场，不仅可以为生产者提供包装、冷藏、物流等
服务，还可以提供各种信息，便于按质论价。尽管我国的交通运输
网络在不断完善，但是一些农村地区的交通路况较差，大型运输车
辆不能进入农产品生产腹地。一些地区的产地批发市场，仅仅为生
产者提供交易场所，分拣、包装、保鲜、冷藏、物流配送设施缺
乏，仅有少数大型的现代物流园和农产品周转市场能够提供信息服
务、质量检测、电子核算。农产品在流通过程中保鲜技术落后，冷
链设施陈旧，储存设备老化。上述问题的存在为质量安全问题的产
生提供了温床：如欠发达的交通网络延长了农产品从地头到餐桌的
时间，较长时间的储存运输为细菌、微生物的繁殖提供了场所。再
如现代运输设备的缺乏增加了农产品二次感染的风险，很多禽畜产
品的质量安全问题是在运输过程中产生的。再如检测设备的缺乏使
一些不法生产商和流通商有恃无恐，明目张胆地向市场供给不安全
农产品。由此可见，现代化的流通设施是保证农产品安全流通的基
本条件。

（四）流通的制度环境对农产品质量的影响

流通的制度环境对安全农产品流通有正向或负向的影响，下面
我们着重分析流通规制和流通服务对农产品质量的影响。

政府规制对流通主体应该起到强有力的约束作用，质量安全的
政策、法规应当能直接作用于农产品的生产和流通领域，约束各主
体的行为。但是，虽然我国政府出台了一系列保证农产品质量安全
的政策、法规，但是真正落到实处的并不多。据我们对调研问卷的
统计分析，29.56％的农户认为质量安全法对他们的生产没有影响
或影响很小；28.85％的农户反映进入市场时，没有部门对他们进
行检测。市场规制不到位的原因，一方面是因为地方产业利益优先
发展导向下的不愿规制，如我们调研某地政府检测部门，他们并不
是每天去检查，上级领导让什么时间检查就什么时间检查，让到什
么地方检查就到什么地方检查。检测结果要先上报，然后再决定是

否公开。即使查出了质量安全问题，采取的措施大多只是将产品逐出市场，且对经检测或者抽检不合格的农产品没有进行任何标示处理。一般情况下商贩会换一个市场去销售。另一方面是检测设备落后和人员数量较少造成的没有能力规制。如我们对某地农业局相关人员的访谈，反映没有足够的人员去检查农产品种植过程，也没足够人手到市场上检测。此外，全国各地规制力度差异明显。据我们的调研，山东某品牌土猪肉，可以在山东本地屠宰，包装后进入石家庄的市场，但不能屠宰后进入北京的市场。进入北京市场的必须是活猪，经检验检疫后，在北京当地屠宰。

农产品安全生产和流通的技术服务和培训对农产品质量安全都有不同程度的影响。近几年，我国政府投入大量资金用于加大规制力度、保证农产品质量安全，但我国在提高农产品质量安全方面的服务远远不足。据我们调研，政府部门几乎没有对农产品生产者进行过农药施用和肥料使用的培训，没有直接对流通主体提供过流通过程中科学保鲜、合理保鲜的服务，也没有相关人员对添加剂的危害和科学的使用方法进行过指导。这就在一定程度上增加了生产流通主体因"无知"导致的质量安全问题。再如，安全农产品生产技术的推广几乎没有一个政府部门在做，政府部门的农业信息网站，很少涉及农产品质量安全方面的教育和宣传。

第二节　调研地区农产品流通状况及质量安全管控分析

综合考虑我国经济发达和欠发达地区，东部、中部和西部，本书选择山东、浙江、河北和四川为样本调研地区。课题组成员亲赴山东的寿光和青州、河北的藁城和定州、浙江的临海、四川的崇州地区对当地农户、合作社、农场主、农产品经销商进行了访谈。下面对每个地区农产品流通状况进行描述，以了解农产品流通实践。

需要说明的是，考虑到农产品品种较多，为了对调研地区进行比较分析，我们主要选择了蔬菜的生产和流通。

一 山东寿光、青州等地的农产品生产流通与质量管控

调研情况说明。课题组 2014 年 11 月 1—5 日到山东的青州和寿光进行调研。我们的调研对象包括蔬菜种植户（辣椒种植户、西红柿种植户和小番茄种植户）、当地蔬菜代收商、外地蔬菜批发商、经纪人、农产品批发市场管理部门的相关人员、蔬菜的分拣包装人员、政府设在市场的检验部门的相关人员和市场自设的检验部门等相关人员。除我们自己的访谈外，我们还委托青岛理工大学的学生对蔬菜种植户进行了问卷调研。

山东省是我国的蔬菜生产大省，既有大路菜的生产，也有设施蔬菜的生产，我们以蔬菜为例说明山东农产品生产流通及质量安全管控现状。

山东省的蔬菜生产大部分以家庭为主，农户在承包地或自己流转的土地上进行蔬菜种植，每户平均种植面积为 3.31 亩[①]。一般一个村甚至一个镇在同一时间段种植品种相同的一两种蔬菜，形成某种蔬菜的集中生产基地。当地的蔬菜产业链发展完善，专业化和产业化达到很高的水平。农户只管种植环节，育种、肥料、农药、地膜、卷帘设备等都有专业的公司生产。蔬菜成熟季节，有很多菜商到地头收购，形成很大的地头市场。

我们走访的寿光和青州地区以设施蔬菜为主，大部分蔬菜在冬季上市，每一季一般种植一到两个品种的蔬菜。蔬菜成熟季节，蔬菜的收购形式主要有三种类型：一种是有外地客商直接到地头收购，如我们访谈的长沙收购商蒋某，每年辣椒成熟季节，他都会到寿光、青州一带收购辣椒。找当地的蔬菜代收店帮其收购，以每斤 2 分到 3 分的价格付给代收者佣金。收满整车约 30 吨后运往长沙马王堆蔬菜批发市场（调研时还未搬迁）。第二种形式为本地经纪人

---

① 根据对山东的调研样本计算而得。

在本村为外地批发商代收。外地批发商不用亲自来产地市场，收购数量和价格通过电话通知产地经纪人，他只需在约定的时间在销地批发市场接货。如我们访谈的田家柳镇的李某，他在为沈阳的客商代收西红柿。待收够约定的数量后，雇人分拣、装箱，然后雇用个体户的货车或物流公司的货车运到沈阳。第三种类型为当地批发商收购蔬菜后自己雇用车辆运到销地批发市场。如当地人王某，在寿光现代物流园内设有摊位，收购西兰花、角瓜、西红柿、红萝卜等，收满一拖车后运往新疆和东北三省的市场进行销售。

调研地区质量安全管控主体主要有三方：一是政府相关部门对农产品质量安全的监管，二是批发市场自设的监管部门对进入市场的蔬菜质量的检验，三是生产者之间的监督。政府部门对蔬菜质量的监管体现在三个方面：一是管理农产品的投入环节，强调对农药的管理。据我们对农药经销店老板的访谈，农药的经销实行农药经销登记制度，除此之外农药部门平时还会突击检查高毒农药和假劣农药。二是在蔬菜收获季节到地头市场进行抽检。据我们对农业局某部门的访谈，因为寿光各个村都有蔬菜收购市场，所以他们会到不同的市场去采样、检测。三是当地最大的批发市场——寿光农产品物流园设置了检测部门，对进入市场的蔬菜，包括本地菜和外地菜都进行抽检。寿光农产品物流园在批发市场内部建有检测大楼，有一批专业的检测人员每天都对进入市场的蔬菜进行抽检、留样、报告检测结果。我们调研时技术人员反映，他们和政府的检测是独立的两个部门，他们归属市场管理，政府的检测部门是农业局到现场办公。他们的业务各自进行，没有任何联系和分工。他们有严格的管理制度，每天必须取一定的样本检测。究其原因是因为寿光的批发市场即寿光现代物流园是全国比较大的产地市场，也是较大的中转市场，为保证市场的声誉，市场投资者有动力去保证进出市场的蔬菜质量。此外，调研时发现当地的蔬菜种植农户非常维护寿光蔬菜的声誉，用他们自己的话说"种了几十年的菜，还要靠种菜养家糊口，不能砸了自己的牌子"。他们很担心当地菜出现质量安全事件，以致影响整个菜区生产者的利益。据被调研农户反映，几年前某农户生产的黄瓜曾被查出过质量问题，影响了很多家农户的销售。现在他们也关注谁家是不是用高毒农药，若有施用的，会予劝告和偷偷举报。

二　河北藁城、定州、青县等地农产品生产流通与质量管控

调研情况说明。课题组于 2013 年 8 月 13—15 日到河北沧州地区的青县访谈，2014 年 7 月 23—26 日到河北定州市调研，2014 年 8 月 14—15 日到河北石家庄地区的藁城调研。调研对象包括蔬菜种植农户、蔬菜合作社、蔬菜批发商、蔬菜代收店老板、从事蔬菜种植的农场主、农药经销商和农业局有关部门人员。

蔬菜生产模式分析。调研地的蔬菜多是以农户家庭生产为主，一般是在自己的承包地种植蔬菜。种植者的年龄一般均在 50 岁以上，有多年蔬菜种植历史，具有较丰富的种植经验。投入的劳动力主要是自家人，繁忙的收获季节种植户之间相互帮忙，偶尔会到市场上雇人。除单家单户的家庭生产外，还有蔬果合作社组织生产。加入合作社的社员能够得到合作社提供的种子和各种投入品，生产过程中的技术服务，以及合作社提供的销售服务。

调研地农产品流通情况。藁城的蔬菜成熟后主要有两种流通渠道：一是农户自己运到就近的产地批发市场，由批发商收购运到销地批发市场。另一种是由距离很近的石家庄零售商直接到田里收购，然后运到石家庄的零售市场销售，即不经过任何批发市场。定州的蔬菜种植规模较大的种植者在地头市场被批发商直接收购，规模较小的种植者运到定州市蔬菜批发市场直接和零售商交易。青县的生产流通除农户生产的蔬菜在地头市场被收购外，还有一个显著特征是合作社创办批发市场，吸引外地客商到市场收购。只要是合作社社员到本市场销售，不收取入场费，非社员进入市场按车交一定数额的入场费。因为市场是合作社创办，合作社规定，合作社社员须到该市场销售自己的蔬菜瓜果。外地客商和合作社社长联系，合作社代其收购，每斤提取 2 分左右的佣金。收购好约定数量后，由第三方物流把产品运到销地批发市场。

质量管控情况分析。藁城、定州、青县地区的蔬菜质量管控主要体现为以下三点：其一，政府的管控。政府的管控表现为三个方面：一是当地政府部门控制农药的销售环节，严格管理高毒、高残留农药的经销。在蔬菜产区和蔬菜基地禁止售卖高毒、高残留农药。在蔬菜非集中种植地区，实行高毒农药的购买登记制度。二是政府农业局或农业协会给合作社和种植规模很大的农户配发农药残留检测仪，让生产者在蔬菜成熟上市前进行自检。一般没有政府部门相关人员到地里进行检测。三是政府在批发市场设有检测办公室，对进入市场的蔬菜进行抽检。这种情况存在于规模很大的市场，一般批发市场没有政府所设的检测部门。其二，市场的管控。根据《农产品质量安全法》规定，"农产品批发市场应当设立或者委托农产品质量安全检测机构，对进场销售的农产品质量安全状况进行抽查检测"，我们调研的大部分农产品批发市场设有检测部门，一般是有一个办公室，有一两个人员。只有少数现代化的批发市场配有先进的检测设备和一定数量的检测人员。据菜农反映，市场检测很多时候流于形式，只要给检测人员些许好处就可免检，所以市场也没有查出过问题产品。其三，合作社的管控。合作社的管控表现为三个方面：第一，合作社统一购买农资，合作社社员从合作社获得的农资不仅有安全保证，而且不会购买到违禁农资，尤其是高毒、高残留农药。第二，生产过程中合作社的技术人员会对社员进行用药指导，尽量避免单一用药，或用药迟滞而影响药效。第三，收获前部分合作社会对社员生产的农产品进行抽检，若残留农药超标会令其延迟上市时间，超过安全间隔期后再售卖。第四，在农闲时节一些合作社会对社员进行种植技术培训，其中涉及很多农药科学施用方面的内容。

三 浙江临海的农产品流通与质量管控

调研情况说明。课题组于 2015 年 10 月 22—28 日赴浙江调研。访谈对象主要有合作社社员、非社员农户、合作社社长、市场保鲜厂的负责人和蔬菜出口公司负责人。

蔬菜生产模式分析。临海地区的蔬菜生产主要有两种模式，分别为农户自产自销模式和企业式经营。农户自产自销模式的表现形式为，农户自己决定种植什么，使用什么投入品，什么时间采摘，到什么地方销售。整个生产过程完全由农户自己决定。企业生产模式具体表现为，企业流转土地，企业决定蔬菜种植品种，企业购买种子、农药、肥料等投入品，企业雇用田间管理者，制定对田间管理者的奖惩措施。日常生产过程由田间管理员负责管理，人手不够时到市场雇工，费用由企业计入成本。

蔬菜流通模式分析。自产自销的农户蔬菜成熟后把蔬菜运到当地的批发市场进行销售，有的是销售给当地的合作社。因为不是合作社社员，所以一般价格略低于对社员的收购价格。企业种植的蔬菜收获后运到企业自己的加工厂进行分拣、清洗、加工、保鲜和装箱，最后储存在冷库。根据国内外订单由冷链车运到码头装集装箱销售到国外市场或销售到国内市场。

质量管控情况分析。对于自产自销的农户而言，对他们的质量管控主要体现在产品进入市场时的检测，其他的管控措施基本没有。对于农产品生产经营的企业而言，质量安全管控表现为企业对生产过程的直接管理。肥料、农药由企业直接购买，委托田间管理员施用。蔬菜采摘前，企业会对每一块地里的蔬菜进行检测，检验农药残留情况。对超标蔬菜延长销售时间，由此导致的损失由田管承担。对合作社农户，合作社的技术人员在蔬菜成熟前到每一地块进行抽样，检测出问题的蔬菜不予收购，社员不得不以较低的价格卖给外地到地头收购的客商。合作社对社员产品的抽检在一定程度上给社员敲响了保证质量的警钟。对于出口的蔬菜，除企业的自行检测外，出口时我国的出入境检验检疫机构要针对出口国的不同，根据不同的标准（如欧盟标准、日本标准等）对蔬菜质量进行检验，若检验不合格则就地销毁。蔬菜还要接受进口国海关有关机构的检验。到达销地市场后还要接受市场的抽检。若出现不合格产品，出口企业不但要承担一切损失，还可能被取消以后的所有订单。因此，针对出口蔬菜的严格检测和严厉处罚，出口企业对自己产品的质量控制是最好的。

四　四川崇州、彭州地区的农产品流通与质量管控

调研情况说明。课题组于 2016 年 11 月 21—26 日赴四川的崇州市进行调研。访谈对象主要有蔬菜种植的农场主、养殖业农场主、合作社社长、合作社社员和镇级主管农业的干部。崇州地区的土地股份合作社发展较快，土地股份合作社一般种植大田作物如水稻、玉米或油菜。蔬菜种植和养殖这类劳动密集型产业以家庭农场为主。下面主要以蔬菜为例，概括崇州地区蔬菜的生产、流通和质量管控状况。

蔬菜生产模式分析。崇州市的土地流转率非常高，以家庭为单位种植蔬菜的农户越来越少，大部分蔬菜以家庭农场种植为主。家庭农场种植规模从二三十亩到上百亩不等。农场主大多具有丰富的种菜经验。具体生产过程表现为，农场主决定种植什么品种，种植方式（如种大路菜还是大棚菜），投入品的购买，以及销售渠道的选择。蔬菜种植过程中需要劳动力时在本村或到市场上雇用，雇用劳动力大部分为年龄在 45 岁以上的妇女。大部分农场主反映，劳动过程中存在因监督困难导致的劳动效率低下的问题。如，对番茄类蔬菜疏果，不按农场主的要求去做，使一次劳动可以完成的事要进行两遍以上。再如，采摘时常漏掉需要采摘的蔬菜。

蔬菜流通模式分析。第一种模式是，某个品种的蔬菜成熟后，经纪人或产地批发商到地头收购。有的批发商要求对蔬菜按重量或体积进行分级，不同级的蔬菜收购价格存在差别。有的批发商按同一个价格收购所有成熟的蔬菜。批发商收购蔬菜时更多地关注外观品质，对蔬菜的质量安全水平状况不做要求。采购价格也是基于农产品的外观品相。大部分批发商把收购的蔬菜运往销地批发市场。第二种模式是，有些农场和超市签有合同，蔬菜成熟后直接销售给超市。第三种模式是，批发商从农场采购蔬菜，然后再把收购来的

蔬菜直接供给超市或单位食堂。第四种蔬菜销售模式是会员制。因崇州市距离成都市较近且交通方便，会员制应运而生，消费者申请加入某农场的会员，周末可以到农场体验采摘过程。实行会员制的农场一般还经营农家乐，会员可以在农场吃饭、住宿，进行田间娱乐，会员离开时会购买一些蔬菜。

质量管控情况分析。质量管控分生产者自己对农产品的质量控制，政府对农产品的质量管控，以及零售方对质量的管控三个方面。生产者方面：进行规模较大种植的农场主种植经验都非常丰富，一般采用轮作的方式以降低病虫害的危害程度。种植过程中注重有机肥和无机肥的混合施用，还会根据作物的不同使用一些专用肥料。我们调研时发现，有些专用肥料里添加了植物生长调节剂，有的农户知道这一情况，有的农户不知晓，只是根据肥料经销商的推荐使用。农药倾向于选择进口的化学农药，一方面是因为见效快，在非常短的时间内把害虫杀死；另一方面是维持时间长。例如国产药一周喷洒一次，进口药两周喷一次。尽管进口药价格高于国产药，农民仍旧倾向于进口药。生物农药一般不被认可，主要原因是生物农药的特性决定了它的效果缓慢。农民反映，如果是叶菜，用生物农药会造成产量的重大损失，所以一般不选择生物农药。政府方面：一是当地政府的农发处给每个家庭农场免费发放农药残留检测仪，蔬菜上市前由农场主进行自检。二是农业局有关人员也会不定期到田地里对快成熟的蔬菜进行抽检，若查出问题，勒令农场停售整改。零售方：如果蔬菜经超市销售，超市会对产品质量有一定要求，进入超市前要经过超市部门的检验。如果蔬菜经专卖店销售，专卖店也会对产品质量有要求，但一般是口头约定或合同约定，专卖店一般不进行检测。其他零售方一般不会对产品的质量安全水平提出额外的要求。

第三节　本书中流通模式的划分及
每种流通模式的特征

贾履让、张正中（1998）认为，流通模式是连接商品生产到消费流程中各个环节的基本形态、运行原则和内在机制所构成的抽象图式。吴宪和、陈顺霞（2000）提出，流通模式是商品交易方式、商品流通经营形式的总称。杨青松（2011）认为"农产品流通模式是指在农产品流通过程中由流通主体、流通客体、流通方式、流通机制以特定的组合来完成物流、信息流、商流的传递，实现产品价值，完成农产品生产价值补偿，从而完成农产品生命周期的抽象形式"。由此可见，流通模式没有统一的定义，关于农产品流通模式的划分，不同的标准也有不同的分类。一般分类是按农产品经过的通道和环节划分为"农户+批发市场+零售商""农户+合作社+零售商""农户+超市""农户+加工企业"等。实践表明，农产品流通现状非常复杂，参与主体众多，且各主体专用性资产投资不等、经营规模大小不一、议价能力有强有弱，致使他们在市场中的地位严重不平衡。正确识别农产品流通中起主导和核心作用的主体是质量安全管控政策富有针对性以及有效性的根本，这将为政策制定提供较强的理论支持和决策参考。基于此，本书中是按各流通主体在流通中的地位分为不同主体主导的流通模式。根据在流通中的地位、规模、议价能力，我们把目前生鲜农产品流通的模式主要分为6种类型，分别为以批发商为主导的流通模式，以超市为主导的流通模式，以合作社为主导的流通模式，以加工企业为主导的流通模式，以批发市场为桥梁的流通模式，以及以"基地+公司"为主导的流通模式。

一　批发商主导的流通模式

随着我国农产品生产不断向区域化和集中化发展，流通的专业化程度也越来越高，大型批发商数量逐渐增多，它们直接把产品从产地运往销地，减少了流通环节，缩短了流通渠道，降低了流通费用。以批发商为主导的流通模式是指批发商在整个流通链条中处于核心地位，在农产品流通中起主导作用。此流通模式在实践中的表现形式为，批发商到农产品生产基地的田间地头或产地批发市场收购农产品，然后雇用第三方物流把收购的农产品运到销地批发市场。收购价格由批发商根据销地的零售价格决定，作为生产者的农户或合作社基本上没有议价权。批发商销售给零售商的价格由当天市场上各农产品的供给数量所决定，销地批发市场上批发商数量少，产品供给总体数量较少时，价格完全由批发商决定。这种流通模式的实践特点，一是批发商收购的产品一般来源于农产品生产比较集中的地区，区域化和专业化种植特征明显，如某村或一个乡镇，甚至几个乡镇就生产一种农产品。这样批发商可以集中收购，从而节约搜寻成本和运输成本。笔者曾访谈过批发商问起为什么不到河北某地收购辣椒，而只到山东收购辣椒？批发商说："河北一个地方收不满一车，不得不到不同的地方去找，这样成本太高。"二是批发商销售产品的市场集中在大城市周围、规模很大的销地批发市场。市场上有他们的固定摊位，把产品卸到固定摊位，等待零售商、超市、饭店和机构食堂到此批发。通过我们的访谈，以批发商主导的流通模式示意图如图4-3所示。

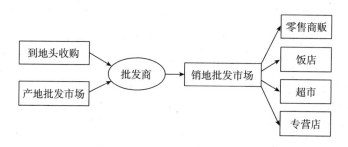

图4-3　批发商主导的农产品流通模式示意

以批发商为主导的流通模式的主要特征是，农产品从产地到销地，批发商始终是商品流通的组织者，流通渠道的主导者，生产和消费信息的搜寻者，以及价格的决定者。具体而言，（1）批发商在农产品流通中处于主导地位。一是批发商在和上游的生产者交易过程中，批发商因其数量少（一个或几个批发商对众多生产者）、具有销售信息优势而处于优势地位，在产品定价方面农户是价格的接收者，基本上毫无议价能力。二是批发商和下游的零售商交易时，由于零售商数量众多，而批发商数量较少，使批零市场处于卖方寡头垄断的态势，批发商对价格的左右能力具有很大优势。（2）批发商对整个流通渠道信息的获得具有优势。批发商直接与生产者和零售商交易，既了解产品的生产信息，也了解消费者的需求趋势。通过批发商可以实现信息的有效纵向传递，借助一定的技术手段，传递产品质量信息。（3）大型批发商的农产品收购和销售渠道比较固定。通过与一些大的批发商访谈发现，他们每年每个时间段到某地的地头市场或当地的批发市场去采购某种农产品，销往的市场也比较固定。相对固定的销售渠道决定了实现产品追溯的可能性。如果以批发商为抓手管控农产品质量，使其约束上游农户，把产品质量信息传递给零售商，实现产品的优质优价，再把价格信息向生产者传递，对生产者形成有效激励，从而提高这种流通模式的农产品质量安全水平，这在理论上是可能的，实践中是否可行，有哪些阻碍因素，如何克服，将在第七章深入分析。

二 超市主导的流通模式

自上世纪末超市开始在我国快速发展，目前超市已经成为城市居民选购食品的重要渠道之一。生鲜农产品在超市经营的产品中占有一席之地，甚至出现了一些专门经营农产品的超市。已有研究表明，超市的发展有利于农产品品牌建设（左两军，2005），有助于保证农产品质量（胡定寰，2005；王继永、孙世民等，2008）。超市主导的流通模式是指超市在农产品流通中起主导作用，在收购价格和销售价格的制定方面超市具有绝对优势。下面我们分析以超市为主导的流通模式。目前超市经销的农产品主要有四条来源渠道，第一条是到生产基地收购。在某种农产品成熟季节，超市会派采购员到生产基地收购，如秋季收购白菜和大葱，夏季收购黄瓜和西红柿。因为超市收购量较大，收购价格在随行就市的基础上，略低于农户到产地批发市场销售的价格。超市收购产品时比较注重外观质量，若不分质量、不分等级收购时，价格会压得很低，主要用于超市促销活动期间的产品促销。超市的采购人员会带着简易的农药超标检测仪对生长在地里的产品进行抽检，达到标准才采购。农产品进超市前由采购部的检测部门进行检测留样。超市直接从产地采购，在获得稳定货源的同时能够降低采购成本，保证产品的质量和安全。超市产品的第二条来源渠道是自己的生产基地。超市对自有生产基地产品的生产过程进行全过程管理，农产品成熟时直接到超市销售。由于对基地的管理成本很高，超市的自有基地数量非常有限，从基地采购的产品仅占超市经营产品的很少比例。调研了解到大部分超市没有自己的生产基地。第三条渠道是超市到销地批发市场采购。超市也会到销地批发市场大批量采购，尤其是外地产的蔬果品种。访谈采购部人员，他们认为从批发市场采购的产品质量更有保障，因为批发市场有检验检测制度。第四条商品来源渠道是超市专门的供货商。这些供货商一般是合作社和规模较大的家庭农场。超市和供货商有比较长期的业务往来，有时签有合同，有时是口头协议。超市选择供货商时优先选择有资质的供货商，比如申请了无公害认证的、绿色认证的供货商。若是新供货商，要通过多种渠道考察其产品质量。超市采购部要对所有供货商的产品进行检测并留样。超市主导的流通模式如图4-4所示。

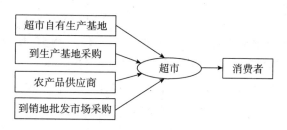

图4-4　超市主导的流通模式示意

以超市为主导的流通模式的主要特征是，在农产品从生产者到消费者的转移过程中，超市是商品流通的组织者，生产和消费信息的搜寻者，在收购价格和销售价格制定以及保证农产品质量方面超市具有很大的优势。具体表现为：（1）超市是到农产品生产基地（或自有或非自有基地）采购农产品，或是到批发市场批发，或是到签约农户处购买，无论是在这些购货渠道的选择上，还是在购买后农产品的储运方式上，进入超市的售卖形式上，在每一个环节超市都起着主导作用。（2）超市在整个流通渠道的主导地位还体现在它在价格制定方面的权力。无论是在生鲜农产品的采购价格还是销售价格制定方面，超市基本上都处于绝对优势地位。（3）超市作为一个具有一定规模和技术实力的市场主体，有能力收集产品信息、消费信息和发布质量信息。超市搜集消费信息以了解消费者的消费倾向，收集生产信息以保证产品的供应和适销对路。超市是否主动发布产品质量信息取决于信息采集成本的高低和外界的压力（如政府的压力、消费者的压力、竞争对手的压力）。（4）超市有技术能力保证农产品质量。超市在了解产品信息、对农产品进行检验检疫、把握超市准入、建立追溯系统等方面，都是有能力做到的。实践中有些超市也已经在做，取得了良好的效果，有的超市流于形式，没有开展实质性工作。

三 合作社主导的流通模式

以合作社为主导的流通模式是指合作社在组织农产品流通中起主导作用的流通模式。自从 2007 年我国的《中华人民共和国农民专业合作社法》颁布后，合作社大量涌现，截至 2016 年年底，我国已注册的合作社有 179.4 万家，入社农户占全国农户总数的 44.4%[1]。这些合作社有经典意义上的合作社，也有不规范的合作社，还有贴牌的合作社，甚至有假合作社。由于在我国合作社数量众多、形式多样，本书只重点考察经典的合作社类型，即较规范的

---

[1] 中国资讯网，http://www.ccmb360.com/article/show.asp? id = 445603。

合作社。此类合作社边界清晰，治理结构规范，惠顾者明确，有实际经营活动。实践中表现为，合作社有理事会、监事会、社员代表大会组织机构。社员以一定的条件入社，可能是缴纳会费，也可能是按投入的土地，还可能是自己的农资机具，或是以一定的资本入社。若是种植类和养殖类合作社，合作社对社员提供服务，比如合作社统一购买种子、肥料、农药，以较低的价格卖给社员，产品成熟后合作社寻找销售渠道。合作社在生产过程中做一些技术培训和指导，比如如何提高农药的效果，如何施肥既保证肥效又避免土壤板结。产品成熟后合作社代为销售，合作社一般有较稳定的销售渠道。在与下游流通商交易时合作社处于优势，或至少旗鼓相当，有效克服了单个农户规模小、谈判能力弱、没有议价权等缺陷。

实践中还有一种合作社类型在我国比较常见。它的特点是，在合作社所在的区域除合作社社员外，还有一些没有加入合作社的农户，他们生产和合作社一样的产品，产品成熟时把产品销售给合作社，这类农户称为辐射带动农户。合作社和辐射带动农户的关系表现为：一是不收任何会费，辐射带动农户没有任何形式的入股；二是对生产过程没有管理，但辐射带动农户也可以购买合作社的农资；三是产品成熟时合作社会收购辐射带动农户的产品，合作社赚取差价；四是对辐射带动农户没有分红和盈利返还。实质上合作社和辐射带动农户的关系就是买卖的关系。当合作社销路有限时，合作社只收购社员的产品，辐射带动农户自寻销路。

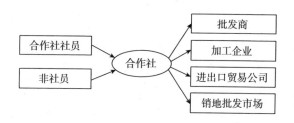

图 4 - 5　合作社主导的流通模式示意

合作社是农产品生产的管理者、产品销售的组织者、生产信息的传递者，相较于单个社员市场地位大大提高。以合作社为主导的流通模式的特征表现为：（1）合作社管理生产过程。一是在产前和产中为社员提供服务，二是在资金技术和生产资料等方面为合作社社员提供支持，三是合作社对农产品生产过程有不同程度的控制，比如投入品的使用时间和种类，田间具体的操作过程。（2）合作社努力掌控销售渠道。合作社为减少风险，一般会积极寻找销售渠道，与下游流通主体签订收购合同，便于获得稳定的市场需求，从而保证社员获得稳定的收益。（3）合作社能低成本地收集和传递产品质量信息。合作社因管理农产品的生产过程非常了解农产品的生产信息，因直接和下游客商对接，能轻易把信息向下游传递。（4）合作社因农产品供应数量大而提高了和下游经济主体谈判的市场地位。单个社员销售产品只能被动地接受批发商提出的价格，而代表很多社员的合作社则可以和批发商平等议价。虽然批发商和合作社交易价格高于单个社员，但却因降低了交易次数而节约了交易成本，批发商更愿意与合作社交易。

四 以批发市场为桥梁的流通模式

本书中以批发市场为桥梁的流通模式是指生产者把农产品直接运到批发市场，零售者直接从生产者手中购买产品，中间没有批发商。批发市场是农产品集散的场所，为交易双方提供交换的平台，对买卖双方起到联结的桥梁作用。这样的市场一般存在于我国的县城和大城市的郊区，市场的农产品销售半径较短，该市场既是产地市场也是销地市场。以批发市场为桥梁的流通模式不存在核心的流通主体，农产品的生产者和零售者地位对等，实力相当，没有占有绝对优势的一方，成交价格由双方议价决定。买卖双方是随机交易关系，没有契约，零售商根据生产者的要价和农产品质量选择所需农产品，生产者根据零售商的出价高低选择零售商。交易双方都在寻求每次交易的利益最大化。据我们的调研这种市场季节性强，当某种农产品成熟季节，市场非常红火；当市场周围没有蔬菜成熟

时，市场就变得很冷清。这种市场大多比较简陋，有的甚至只是一
块空地。如石家庄藁城的双庙市场。该市场流通的农产品大多以未
经分级、包装和深加工处理的自然形态为主。我国生产分散与消费
集中之间的矛盾也决定了批发市场成为整个农产品流通过程中的枢
纽和核心。到这种类型市场售卖农产品的大部分是农户生产者。农
户之所以自己到市场直接销售给零售商主要有两种原因，一是当地
没有收购商，生产出的农产品不得不自行销售；二是为了取得较高
的成交价格绕过批发商，自己到批发市场寻求零售商；三是农产品
的产地离市场很近，不会投入太多的运输成本。

图 4 - 6　以批发市场为桥梁的流通模式示意

以批发市场为桥梁的流通模式的特征：（1）该流通模式没有起
主导作用的主体。在交易过程中，生产者、零售商、消费者地位相
等，谁都不具有优势。（2）批发市场发挥农产品集散的功能，为交
易双方节约产品的搜寻成本。批发市场能为生产者提供销售渠道，
生产者只需把产品运到批发市场即可。批发市场为零售商采购提供
了便利，零售商只需到市场就能找到自己所需的产品。（3）批发商
和零售商之间也是随机交易的关系，没有契约。由于生产者和经销
商高度分散，各流通主体间关系松散，信息无法有效传递。（4）市
场成交价格经双方谈判达成，价格的决定完全取决于外观品质，与
产品的质量水平没有关系。市场无法给出合理的价格来激励生产者
提供高品质农产品。

五　加工企业主导的流通模式

以加工企业为主导的流通模式是指加工企业在整个农产品流通
中处于核心地位。本书中的加工是指对农产品仅有简单的分拣、包

装和冷藏储存,深加工不在本书讨论之列。加工企业有自建的厂房,有清洗设备,有用于保鲜的冷库,故其专用性资产投资较多。加工企业从当地收购成熟的农产品,由企业的工人进行分拣、清洗、包装、保鲜,然后再销售或暂时储存。大部分加工企业有比较稳定的销售渠道。和销售方签有订单,约定一季某种产品的收购数量和质量。订单上还会对价格有事先约定,实际收购价格根据当时的市场价格上下浮动。加工企业从生产者处收购时,价格比当地市场价略高。如果是出口订单,则对产品质量有比较高的要求。有的加工企业有自己的生产基地,农产品生产过程实现了标准化生产和企业化管理。

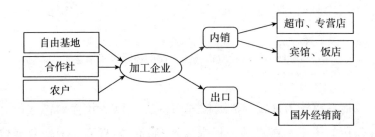

图 4 – 7 加工企业主导的流通模式示意

加工企业为主导的流通模式的主要特征是,农产品从收购到销售的过程中加工企业是商品流通的组织者,流通渠道的主导者,生产和消费信息的搜寻者,以及价格的决定者。以加工企业为主导流通模式的特点可总结为以下几点:(1)加工企业是产品流通的主导者。加工企业一般是先寻找购买方,然后与购买方签订合同,按照合同约定条款自己生产或在产品成熟时收购其他生产者的农产品。(2)一般订购合同会在生产前签订,加工企业会根据合同条款把需求信息向生产方主动传递,生产方再根据要求组织生产。因为信息传递畅通,所以生产出的产品是适销对路的产品。(3)加工企业对产品质量要求是否严格取决于下游企业对质量的要求。若对方对产品质量有要求，加工企业对产品生产过程或收购过程就有控制，企业若是自己生产会严格控制生产过程，若是收购会检测产品质量。若零售商贩对内在质量没有要求，加工企业也就只重视外观质量。

六　"基地＋公司"流通模式

"基地＋公司"是新兴起的但发展非常迅速的一种农产品流通形式。"基地＋公司"流通模式是指一些农产品经营公司，既生产农产品也销售农产品，在整个农产品流通中处于核心地位。这类公司有自己专属的生产基地，选择生产基地时会严格考察土壤质量、灌溉用水及周围的自然环境。生产的农产品以无公害、绿色和有机为主。种植什么，如何种植完全由公司决定。公司有一定数量的工人和专门的技术人员，农忙时也会到市场上雇佣短工。公司非常注重农产品的生产过程，用药、施肥都有非常严格的限制，比如，采用物理防虫技术、施用生物农药、施用有机肥等。公司生产基地的选址和农产品的生产过程决定了农产品的生产成本较高和质量安全水平较高，这就决定了公司农产品的价格较高，不能走普通的流通渠道。"公司＋基地"模式一般做高端消费市场。目前主要有两种形式：一种是以会员制形式销售，即消费者缴纳一定数额的会费成为公司会员，每星期公司根据事先约定的品种和数量送货上门。就每公斤蔬菜而言，价格要远远高于市场价格。另一种是特定的销售渠道，比如大城市的高档宾馆、星级酒店、某些单位食堂的特供。还有一类公司因为生产基地离城市较近，走多元化发展的道路，既发展会员，又搞农家乐，有的公司挖掘当地的文化传统，和乡村旅游结合在一起。

以"基地＋公司"为主导的流通模式与加工企业主导的流通模式最大的区别：一是公司的专用性投资较多，有研发投资、生产投资、销售投资，而加工企业的投资较少，主要是保鲜设备；二是公司的一体化经营程度较高，从研发、育苗、生产、收获到销售，全部由公司负责，而加工企业主要做农产品的保鲜，有部分加工企业延伸到生产领域，但也仅局限于对生产过程的质量控制。

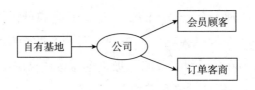

图 4 - 8   公司主导的流通模式示意

以"基地 + 公司"为主导的流通模式可概括为以下几个特征：（1）公司对农产品的生产过程有绝对的控制权。公司决定生产方式，严格控制投入品的使用。（2）产品价格完全由公司决定。公司的产品和市场上的产品会有很大的区别度，或是质量安全水平，或是品种，或种植和养殖方式，或是生产的地域，总之公司产品因其独特的优势占领市场。产品定价也不会参考普通产品的市场价格，而是由公司根据同类产品的竞争程度自己制定。（3）公司选择产品销售渠道。公司会根据产品特点、自己的营销实力及管理能力选择产品的销售渠道。一旦营销渠道固定，顾客群一般也就稳定下来，公司只需把精力投入到产品的质量保证和品牌的培养上。

七   其他流通模式

（一）网上直销模式

网上直销模式是指农产品的生产者，可能是农户，也可能是合作社，还可能是生产企业，主要借助互联网技术在网上直接面向消费者或终端客户进行农产品销售，没有中间商这一环节。网上直销模式目前主要有三种方式：第一，由农民专业合作社直接建立直销网站，销售合作社的产品；第二，农产品生产者在一些电子商务平台进行注册，通过平台进行交易；第三，通过农业信息网等网络平台进行信息发布，等待消费者主动联系。网上直销农产品的消费者一般为年轻人，注重的是商品购买的便捷性。看到自己需要的商品，直接在网上下单，商品会被送货上门。直销的农产品一般没有经过检验检疫。有些规模较大的农产品直销公司的产品可能经过了某种认证。消费者购买时一般根据网络评价或熟人的介绍。随着物流的快速发展和网络的普及，网上直销模式占的比重越来越大。

（二）消费者联盟模式

消费者联盟是消费者自发组成的消费团体，该团体以消费者合作的形式从农产品生产基地或农户手中采购农产品。配送模式一般是由消费者直接选择所需农产品，生产者自己或经过第三方物流在既定时间内将鲜活农产品送到消费者手中。这种流通模式减少了流通环节，在最大程度上满足了消费者对农产品新鲜程度的要求。通过这种模式销售的农产品价格较高。消费者联盟一般出现在大中城市的高收入阶层。消费者联盟中还有一种新型的模式，即消费者联盟成员指定一块农地种植几种蔬菜或其他农产品，能通过远程视频监视农产品的投入品使用情况和整个生产过程，在农产品的成熟季节再选择所需的农产品。这种模式的消费者充分了解生产过程，产品质量更有保障，价格也更高。

（三）集贸市场模式

这种流通模式存在于我国广大的农村地区。随着农村菜店的出现，从集贸市场流通的农产品数量在减少，但在农村的农产品流通中，集贸市场仍占有重要地位。集贸市场流通的特点，一是集散商品。把生产者和消费者集中到集市。二是零售商从批发市场批发蔬菜、水果到集市上去卖。集市没有准入门槛，任何人、任何规模的零售商都可以去集市售卖。有的地方的市场管理部门收很少的管理费用，有的地方分文不收。市场价格由买卖双方商议而定。市场上没有检验、检疫和检查的部门。

第五章 安全农产品供给的动力机制
——理论模型构建

本章将以经济学理论为主线，综合动力机制理论以及激励理论研究安全农产品流通的运行机制，以更全面地把握安全农产品流通系统的运行本质。本章把农产品流通视为一个复杂系统，首先探讨该系统自我演进的自组织特征，然后，根据已有文献和我们的调研实际概括安全农产品供给的动力源，分析其主要的动力因素。在此基础上，进一步分析这些动力因素之间的相互作用，探索流通系统安全农产品供给的动力机制原理以及系统的演化。本章的写作目的在于为后续的实证研究提供一个理论框架。

第一节 农产品流通系统的自组织特征分析

根据系统理论，农产品流通是一个开放的系统，该系统不断与外部进行物质、能量和信息的交换。在系统内部某个参数的量达到临界点时通过涨落，系统可能发生突变，由原来的无序状态，自行转化为一种在时间、空间或功能上的有序状态。下面我们将农产品流通要素放在系统论框架内进行分析。

一 各流通主体间的非线性关系

农产品流通系统各主体之间不是简单的线性关系。各主体有自己的目标、组织方式和经营策略，这使得不同主体间既有竞争也有合作。竞争具体表现为横向竞争和纵向竞争，横向竞争表现为同一层面的主体的竞争，如生产者为销售自己的农产品争取收购商而展

开的竞争。纵向竞争指为争取自己更大经济利益，不同环节流通主
体的竞争，如生产商和批发商间的竞争。合作也包括横向合作和纵
向合作，横向合作如为获得规模效益和范围经济生产者间的合作。
纵向合作如农产品产业链条上的各主体为完成农产品流通进行的合
作。各流通主体在竞争和合作过程中会产生相互作用和反馈，如商
品的易手、信息的传递。通过各种正负反馈因素的叠加和组合，产
生更大的系统复杂性。系统在这种非线性的相互作用中完成农产品
的流通。

二　农产品流通系统的开放性

农产品流通系统不是一个封闭的系统，它不断与外界环境进行
物质、能量和信息的交换，如该系统不断接收外界的信息，根据信
息时时调整自己。外部环境对流通系统的作用表现为两个方面，一
方面外部环境变化给系统带来冲击、威胁或发展机会，使系统偏离
原来的发展轨迹，向新的方向演进。如一些流通政策的颁布，对系
统运行进行强制性规制。另一方面是外部环境对系统影响较小，系
统原有的功能比较稳定，系统在小范围内自行调整，产生正熵流，
系统演进相对较慢。外部环境是系统负熵流的重要来源，开放系统
的负熵流如果大于它自身的正熵，系统就可以由无序向有序发展，
为系统发展提供新的机会。外部环境对农产品流通系统的影响主要
体现为，促使各流通主体不断调整自己的行为，从而优化系统结构
和功能，最终带动系统的自适应和自组织演化。

三　农产品流通系统的非平衡性

农产品流通系统以各主体关系为节点，以流通渠道为链条，完
成物流、商流和信息流在系统内的流动和传递。该系统能够在一定
的范围内进行自我调节，使系统处于稳定平衡状态。当系统参量超
出了某个范围，系统就成为非稳定的。流通系统的发展与演化不仅
取决于系统内参量如各主体间的关系，还受到法律规制、政策引
导、社会服务等外界环境的影响。这种影响往往具有不确定性和不
可预见性，系统受到巨大影响时会偏离原运行轨迹，从而使系统从

原来的稳定状态向非稳定状态转变，使得农产品流通系统远离平衡态。

四　农产品流通系统的涨落

当农产品流通系统受到某种冲击远离平衡态时，系统发生震荡产生涨落，微小的涨落可能被放大成为巨大的涨落，驱使流通系统由原来状态变为一种新状态，发生或进化或退化的质变。如一条市场信息的获得，一项政府经济政策的出台，一次新技术的应用，农业生产方式的变化，流通组织方式的变化等，在适宜的条件下都可能形成巨幅涨落，使农产品流通系统产生质的飞跃，从而使系统走向新的有序状态，形成一个具有新结构、新功能的系统。新的系统在各种内在因素和外在条件的影响与制约下又不断发展和演化。

第二节　安全农产品流通系统的构成要素①

为了便于对各要素影响流通系统的作用方式和强度进行分析，在已有研究和调研的基础上，我们提炼出了安全农产品流通系统的主要构成要素，并按要素在系统中的地位和作用方式不同，把安全农产品流通系统分为三个层次：核心层次要素、辅助层次要素和外围层次要素。

一　核心层次要素

核心层次要素是安全农产品流通系统中最关键的要素，主要指各农产品生产、流通主体以及由它们所组成的网络，主要包括农户、家庭农场、合作社、加工企业、经纪人、各级批发商、零售商或零售企业、消费者。它们以一定的联结模式通过商品流、信息流、资金流进行互动，完成安全农产品流通过程。此外，核心层次

---

① 本部分内容已在杂志公开发表，见赵建欣等《我国安全农产品流通：一个总体框架》，《中国流通经济》2014 年第 11 期。

要素还包括与安全农产品生产、流通相关的流通系统以外的相关企业，如农药供应商、提供农产品保鲜剂的企业等。尽管它们不直接参与农产品的生产和流通过程，但它们提供的产品影响农产品的质量安全水平。

二　辅助层次要素

辅助层次要素主要指安全农产品流通所需要的基础设施和各种服务，为安全农产品的生产和流通提供必要条件，为核心要素提供资源支持和服务支持。辅助层次要素可以分为硬件基础设施和软件基础设施：硬件设施包括交易的场所、冷链物流设施、检验检疫设备等；软件基础设施包括研究开发机构（如抗病虫害技术、生物农药的开发机构），技术服务和培训机构（如病虫害信息的发布机构，农药施用指导培训机构），以及提供相关服务的金融机构、产业协会等。这些设施的提供者可能是政府相关部门，也可能是企业，还可能是民间组织。辅助层次要素的完善与成熟度与一个国家和地区的经济发展阶段和水平密切相关。

三　外围层次要素

外围层次要素主要包括制度规章、社会文化、传统和外部资源等。这些要素往往是生产流通主体自身不可控的，但又影响着安全农产品的供给。规制性制度包括正式制度和非正式制度。正式制度又包括政策层面（如：《食品安全法》《中华人民共和国农产品质量安全法》《国务院关于进一步加强食品工作安全的决定》）和操作层面（生产档案制度、市场准入制度、检验检疫制度、产品质量证明的提供）的制度。社会、文化、传统要素包括消费者对质量安全的重视程度，媒体和民间机构对质量安全的认识和宣传等。外部资源包括市场的发育与完善程度，信息发布系统的健全与普及状况等。提高农产品质量安全水平，外围要素的作用不可忽视，它或直接或间接影响核心要素行为。

第三节　安全农产品供给的动力来源

在安全农产品供给的动力机制研究中，诸多学者把更多的精力集中在对企业的研究上。Seddon（1993）的研究表明，降低生产成本和提高企业的运营效率是大型企业加强食品安全管理的动力来源，政府规制和政策约束是小型企业动力的来源。Caswell（1998）提出企业安全生产的动机主要有食品质量销售前要求、售后惩罚措施、私人企业自身发展目标、市场占有率、企业声誉、维持性营销等。Holleran 和 Bredahl（1999）认为企业提高食品安全可以降低生产成本，增加企业利润，减少交易成本。周洁红等（2009）认为农业企业实施质量安全管理的动力来源于市场需求的拉动，企业的目标市场影响企业质量安全管理机制的选择。王世表（2009）认为企业供给安全家禽的动力来源于质量控制的成本和收益比较，以及"优质优价"的市场环境。展进涛等（2012）指出猪肉加工企业质量管理的动力源于政府激励，供应链管理模式和企业规模的大小。多数学者认为利益驱动是引发农产品质量安全问题的主要原因（王建华，2015），而成本与收益的考量是生产者决定是否供给安全农产品的重要因素。张耀钢和李攻奎（2004）运用成本和收益的方法分析了农户生产行为对农产品质量安全的影响程度，提出通过法律加大逆向选择的违法成本，通过市场准入降低农户逆向选择的预期利润，在一定程度上可以提高农产品质量安全水平。

根据已有文献和我们对生产者、中间流通商、零售商和消费者的调研，安全农产品供给的动力来源可概括为六个方面，下文将逐一分析。

一　利润驱动

在市场经济背景下，追求利润最大化是各经济主体追求的最主要目标。由于利润的驱动，生产者与各种类型的流通主体、流通主体与消费者通过产业链进行经济联结，形成各种销售渠道和流通模式。供给什么样的产品，以何种方式供给取决于不同方式所获利润的比较。影响利润最主要的两个因素是价格和成本。如果农产品的质量水平越高，价格越高，也就是说价格能充分体现商品质量，即使安全农产品的生产成本高于普通农产品，只要利润空间比供给普通农产品大，或者至少相当，各流通主体就有动力供给安全农产品。反之，如果投入高成本供给安全农产品的价格没有优势，或与常规农产品价格相当，在销售量没有显著差异的情况下，安全农产品供给的利润就体现不出来。没有更多的利润，各经济主体就不愿意供给安全农产品。因此，获得更多的利润是经济主体供给安全农产品最基本的动力，在利润的驱动下生产者和流通商才会提高农产品的质量安全水平。

二　市场需求

市场需求是任何商品生产的前提，农产品的生产也不例外，如果没有市场需求，生产出的产品就会滞销，生产者无利可图甚至还可能亏损。消费者作为食品的需求方，对食品质量安全的供给起着重要的作用。周应恒和霍丽玥（2004）认为，市场对质量安全食品的需求和对不安全食品的排斥与消费者做出的选择有很大关系。理性的生产者会根据市场需求调整自己的生产规模和经营方式。随着经济的发展，居民收入水平的增加，市场需求出现多样化，高收入者更加注重商品的质量，产品的特色。较低的收入者更加注重商品的价格与基本效用的匹配。随着收入水平的进一步增加，当追求质量的消费群体形成一定规模时，就为生产者和流通者提供了新的市场机会，并引导企业以此为导向进行生产和经营的转型。因此，安全农产品的供给离不开市场需求的拉动。

三　生产方式

农产品生产条件的变化提高了安全农产品生产的可能性。我国农业的经营制度以家庭承包为基础，这种以家庭为单位的生产方式生产分散、规模小、劳动监督困难。对各个家庭的质量安全管控成本极其高昂，所以源头监管一直是我国质量监管的薄弱环节，这也是我国很多农产品质量安全问题出现在生产源头的原因。随着市场化的推进，农村劳动力的转移，农地流转的加速，出现了家庭农场、合作社、农业公司等生产方式。这种生产方式使农业生产走向规模化、集中化、专业化和产业化。这种农业生产的集中和规模化一方面降低了田间管理的成本，使对生产过程的质量监管成为可能，另一方面使标准化生产成为可能。农业生产方式的变化为安全农产品生产流通提供了条件。

四　市场竞争

市场经济条件下，大多数企业都是在市场竞争的压力下生存和发展的。为了保证自身在竞争中不被淘汰，为了取得竞争优势和发展，企业就必须以各种方式和途径增强自己的竞争实力。就农产品流通而言，流通主体为了在竞争中取胜，会关注市场需求信息，引进新技术，降低生产成本，生产适销对路、物美价廉的产品。为了在竞争中处于有利地位，有的生产者和流通商会进一步细分市场，开发新的流通渠道，最大可能争取消费者。比如随着常规农产品市场竞争的日趋激烈，一些农产品生产主体瞄准了高收入消费者注重产品质量的消费趋向，开始向市场供给安全农产品。市场竞争激发经营主体调整行为方式和组织方式，使自己的产品更适应需求，给企业带来更多的利润。

五　技术进步

科学技术的发展，以及科技被运用于生产，会成为经济主体创新的强大动力。在市场经济条件下，技术的商品化应用会激发企业为获得额外利润而率先采用。如当年的瘦肉精的应用和推广，就是企业为满足消费者对瘦肉的追求，而被广泛应用于生猪的饲养。再比如除草剂的广泛使用，节约了劳动，有效降低了农产品的生产成本。对农产品流通而言，先进技术的采用可以降低流通过程的损耗，提高产品的质量安全水平，如科学的保鲜技术。当然有一些技术不合理的使用也可能降低质量安全水平，如各种添加剂的滥用。

总而言之，安全生产技术和流通技术的采用和推广会为安全农产品流通提供技术保障和支持。

六　国家政策

从我国计划经济时代到当前的市场经济时代，中央政府和地方政府从未忽视过运用国家政策对经济发展进行宏观调控。同样，农产品流通也一直是在政策的引导和规制下发展的。比如，流通产业政策的制定、产业布局的规范、市场基础设施的建设，信息服务平台的建立等等，无不体现着政府举足轻重的作用。为保证农产品质量安全，市场准入制度、检验检测制度、追溯制度等对安全农产品供给发挥着引导、促进作用。具体而言，国家政策又可分为约束行为的规章制度和鼓励发展的激励制度。

（一）约束性制度

约束性的规章制度对各经营主体有强制性的规范作用。约束制度一方面来自完善的法律框架，使各主体行为受到规范和约束，在一定的法律框架内进行生产和经营。另一方面有效的约束制度还取决于各项法律、法规的执行力度。如果执行效果差，各种约束制度会流于形式。只有完善的制度和有效地执行才能成为各流通主体安全农产品供给的动力。

农产品流通主体除来自法律、法规的约束外，在信息高速传播的现代社会，各种媒体对质量安全事件的曝光和揭发在一定程度上能对不安全农产品的供给起到一定的约束作用，且这种非正规约束发挥的作用越来越大。因此，充分利用大众媒体进行相关宣传，营造舆论压力，对安全农产品的供给也起到促进作用。

（二）激励性制度

对安全农产品供给的相关企业进行激励能够促使整个流通体系充满活力，维持其良性运行。国家在制度层面曾采取了一些鼓励安全农产品生产和流通的政策、措施和具体的制度。如农业部带头建立的追溯制度，政府对现代化批发市场建设的投资，对引进安全生产技术的补贴。再比如，为企业提供资金、技术、信息和人才等方面的扶持，促进其实施的关键点控制和良好操作规范。在信息不对称背景下，政府通过制定一系列激励措施在安全农产品生产和流通的各阶段建立激励机制，采取激励手段使链上企业都能从安全农产品供给中获利，在一定程度上可以间接维持安全农产品供给的动力。

第四节　安全农产品供给的动力机制

农产品流通系统具有多因素、多层次、多链条复杂系统的特征，因此在分析系统安全农产品供给的动力机制时分为微观层次的各流通主体安全农产品供给的动力机制和包括主体、制度、环境在内的农产品流通系统，由常规农产品流通向安全农产品流通演化的动力机制。

一　安全农产品流通系统微观主体安全农产品供给的动力机制

安全农产品系统微观主体安全农产品供给的动力机制如图 5 - 1 所示。在农产品流通系统中，由生产者和各农产品流通的参与者构成的主体系统对安全农产品流通起着非常重要的作用。各流通主体有没有安全农产品供给的动力和为之所采取的措施决定着流经该系统的农产品质量安全水平的高低。理论上，只有各个主体都有安全供给的动力，并且采取协同行动才能最终向市场供给安全农产品。在市场经济环境中，利润是各理性经济主体最基本的动力。对于流通商而言，只要供给安全农产品带来的利润高于常规农产品，他就会采取措施有效保证农产品的质量安全水平，如向生产者传递安全农产品信息，收购农产品时索要安全生产的证明，在农产品储存和运输过程中采取科学的保鲜措施。对于生产者而言，除了对利润的追求外，生产方式和生产条件的变化为安全农产品生产提供助力，如随着土地流转，农产品生产规模在不断扩大，在具有一定规模的种植基地进行病虫害的综合防治，可以起到良好的效果。与单家单户的病虫害防治相比，可以降低农药的喷洒次数和浓度，避免农残超标。高收入消费者的出现和他们对产品质量的追求对安全农产品供给形成拉动作用，如消费者在购买商品时不再简单地注重价格，而更多关注产品的质量标识，是否可追溯等。市场中介主体如一些协会，对安全农产品供给在一定条件下起到推动作用。如一些协会对安全农产品的宣传，对不合格农产品的曝光，对消费者的宣传教育等都有助于安全农产品的流通。农资部门积极转化安全生产技术并积极推广成果（如生物农药），有助于农产品质量水平的提高。

只有生产者、流通商、消费者以及各种中介组织和农资部门能够目标耦合、行动一致，才能向市场供给安全农产品，也就是说，它们具有供给安全产品获得更多利润的共同目标，还要为完成安全农产品流通进行协作。具体表现为，消费者不断向上游流通主体反馈质量信息和产品要求，流通主体把信息传递给生产者，生产者一方面加强农产品生产过程的质量控制，另一方面把对低毒低残留农药、复合肥料等农资的需求反映给农资部门，农资部门引进各项与安全生产相关的农资再售卖给生产者，生产者生产出高质量的产品销售给流通商，流通商批发给零售商最终到消费者手中。市场中介传递消费者要求，监督生产者的产品，间接推动安全农产品流通。只有各个主体的通力协作才能完成安全农产品流通，保证行为协作的关键是利益的合理分配。没有合理的利益分配，各主体间的竞争大于协作，表现为消费者重视产品外观忽视内在质量的讨价还价，生产者为增加产量滥用投入品，且销售时隐瞒产品的质量信息，流通主体为保证外观质量使用违禁品保鲜，整个系统将被劣质农产品充斥。促使各主体进行有效协作和合理利益分配的关键主体，在不同流通模式中各不相同，第六章将按流通模式分析这些关键主体如何发挥保证安全农产品供给的作用。

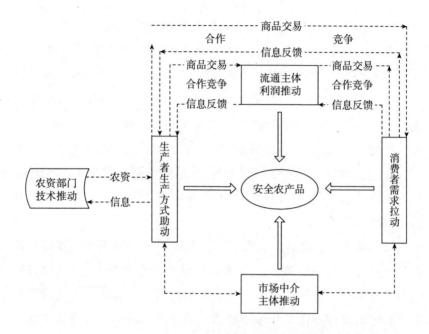

图 5 - 1　安全农产品系统微观主体安全农产品供给的动力机制

二　安全农产品系统运行的动力机制

　　微观动力机制揭示了各个生产、流通主体安全农产品供给的动力，以及如何相互协作完成安全农产品的供给，而农产品流通系统运行的动力机制是分析农产品流通系统作为一个自组织系统，如何完成从农产品流通系统向安全农产品流通系统发展，并维持其功能实现，如图 5 - 2 所示。

　　农产品流通系统向安全农产品流通系统发展的动力机制表现为，系统是开放的，外部环境不断向系统输入各种物质、信息和能量，系统内各要素发生非线性的相互作用，在某一个或几个序参量作用下，系统形成涨落，涨落又通过系统的非线性机制放大，当涨落到一定程度，形成系统突变，系统的结构和性质随之发生变化，演化为具有新结构、新功能的系统。具体而言，常规农产品流通系统内流通的农产品为常规农产品，随着收入水平的提高，消费需求由对数量的需求转向对质量的重视，该信息通过系统与外界环境的交换会传递给各流通主体，使流通主体有了改善产品质量的倾向，系统出现不稳定。如果政府对不安全农产品的规制力度加大，常规农产品流通主体面临被检测，进而惩罚的风险，使得系统的不稳定性进一步加大。如果农产品的生产方式发生了改变，能生产出高质量的农产品；如果流通的基础设施增强，如科学储存和冷链运输，那么，这将使农产品从生产到流通供给安全农产品变成可能。系统的不稳定性逐渐加剧，这时只要有役使系统的序参量出现，如强大的规制力度，或是对流通主体巨大的经济激励，就会使常规农产品流通系统完成向安全农产品系统的突变。总之，安全农产品系统的功能实现和运行，不单单取决于其中的某个要素，而取决于各个要素的相互协调和配合。只有各个要素的协同作用，才会形成安全农产品供给的有序结构，实现安全农产品供给的功能。

从系统主体要素的角度分析，因为农产品流通系统的开放性，无论是优质优价的市场信息，还是低价竞争的市场信息，倡导诚信的社会文化环境还是唯利是图的社会文化环境，对安全农产品供给者是鼓励的政策还是漠视的政策，整个社会的诚信程度，这些外部环境信息都会传递给微观主体要素。微观主体要素根据所接收的信息不断调整自己的决策。在流通系统中对微观主体影响更直接的是生产条件、流通基础、市场需求和规制管理。农业生产条件包括自然条件、社会经济条件和技术装备条件，生产条件主要影响生产者行为。生产者会根据自然条件中的病虫害严重程度，社会经济条件中的劳动力数量和技术装备条件中的新技术采用成本，做出安全农产品生产的决策。流通设施条件影响流通主体的行为决策。比如，物流发达，农产品从产地到销地所需时间缩短，就不需采用复杂的保鲜技术。市场需求条件既影响生产者，也影响流通者。市场若对高质量水平的农产品需求规模大，生产者就会调整自己的生产行为。流通商在选用保鲜剂时，主要的考虑因素不再是成本而是效果和残留情况。规制管理是对生产主体和流通主体行为的约束和规范，规制管理中的各项法律、法规都应对生产者和流通者起到警示作用，当然实践中能否真正发挥作用还取决于执行的力度。

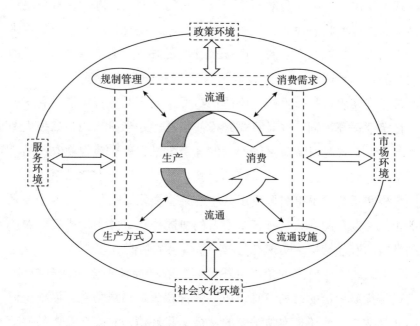

图5-2　安全农产品系统运行的动力机制

第五节　农产品流通系统的演化分析

安全农产品系统在一定时期内、一定条件下是相对稳定的，各个要素保持相对平稳的运动。当外部环境输入较多的信息和能量，系统内某一个要素或某些要素发生变化，系统的相对平稳状态受到破坏，自组织演化过程会经历不同的相变，可能使系统向更高程度演化，也可能维持原有状况甚至向较低水平发展。本节内容将分析影响农产品流通系统演化趋势的一些重要因素。

一　农产品流通系统向安全农产品流通系统演化分析

农产品流通系统向安全农产品流通系统演化，在系统论里属于是低水平向高水平演化。影响农产品流通系统向高水平演化的因素有技术进步、生产条件变化、市场需求变化、流通基础设施变化、政策环境变化等。（1）技术进步。物理防虫技术对高毒化学农药的替代，减少了农产品的农药残留，提高了产品的质量安全水平。冷藏技术和冷链运输技术减少了细菌的滋生，提高了生鲜农产品的质量安全水平。信息技术加速了信息的传递和反馈，有助于追溯的实施，从而有效约束不安全供给行为。（2）生产方式变化。我国农产品生产方式以家庭生产为主向合作社、家庭农场、农业公司等多个生产主体转变，由分散化、细碎化向规模化、专业化转变。规模化和专业化的生产便于统一种植业的病虫害防治和养殖业的防疫，便于低成本、高效率地监管从而提高农产品的质量安全水平。（3）市场需求变化。随着居民收入水平的提高，消费者的需求发生变化，由对数量的要求转向对质量的重视，尤其是较高的收入阶层，更加重视农产品的质量安全状况。在他们的带动下出现了以质量安全为宣传点和卖点的产品和销售渠道，且这种产品越来越多，在农产品流通中占的比重越来越大，导致流通系统逐渐发生变化，完成由普通农产品流通向安全农产品流通转变。（4）流通基础设施变化。现代化的批发市场建设、物流设备升级都对安全农产品流通产生积极的作用。如大型冷库和冷链物流车、现代批发市场配备的农残快速检测实验室，都有助于生鲜农产品的保鲜和质量安全问题的迅速发现。（5）政策环境变化。国家曾在很长的一段时间内注重农产品的数量，保证"菜篮子"工程，在这样的政策环境中农产品流通以保证居民基本需求为目标。随着质量安全问题日益突出，国家颁布了一系列法规，采取了一系列措施来保证农产品质量，在这样的政策环境下，农产品流通的目标变为注重数量的同时也注重质量。什么条件和情况下农产品流通系统发生向高一级的演化，取决于上述因素中哪个或哪几个因素成为系统的序参量，序参量一旦形成，将役使系统整体向安全农产品流通系统演化。

二 农产品流通系统向低质量农产品流通系统演化分析

农产品流通系统向低质量农产品流通系统演化，在系统论里属于系统向低水平演化。影响系统向低水平演化的因素主要有技术的不当采用，过度追求短期利润和缺乏有效的规制。（1）技术的不当采用。一些技术被生产主体或流通主体不当采用，会降低产品的质量安全水平，如瘦肉精被用于生猪饲养，甲醛被用于蔬果保鲜，植物生长调节剂用于催熟和膨大农产品体积。（2）过度追求短期利润。如果农产品流通中各个主体都追求自己短期利益最大化，就会出现通过各种手段增加产量，提高产品的外观品质，隐瞒产品质量信息，索要较高的价格。在政府监管不到位的情况下，以次充好的产品将充斥市场。（3）缺乏有效规制。虽然一些约束性的法律法规有助于安全农产品流通，但是如果法律的规制力度不够或执行力度差，则为不安全农产品供给提供了契机。一些生产和流通主体会无视法律，在最大化自己经济利益的情况下供给不安全农产品。当技术的不当采用、有效规制不足、或追求短期利益成为系统的序变量，它们将役使系统向低水平发展，从而使系统内的农产品质量安全水平日益下降。

三 系统处于稳定状态分析

系统处于相对稳定状态与消费者收入水平稳定在某个区间、生产方式没有大的转变、流通主体规模和组织化在短时间没有大的变化有关。（1）收入水平。虽然我国居民的收入水平在普遍提高，但收入差距过大，高收入阶层较少，绝大部分居民的收入水平处于中低的稳定状态。这个收入段的消费者购买农产品时注重价格便宜，消费不起高价格、高质量的产品，常规质量的农产品仍有很大的市场，致使农产品流通系统稳定在某一状态。（2）生产方式。目前小农户生产在我国还占相当大的比例，意味着距实现全部农产品生产的规模化、专业化还有相当长的一段时间。这种生产方式一方面是难以进行标准化生产和统一的生产过程控制，另一方面是质量监管成本高昂与监管效率低下并存。（3）流通主体。我国目前多种流通模式并存，流通主体众多，流通规模大小不一，组织化程度高低不同，使得质量监管政策很难落实。当前的收入水平、生产方式、流通主体特点这三个序参量决定着农产品流通系统自组织演化在一定阶段内处于一个相对稳定的状态。

　　农产品流通系统的演化与系统内各要素的变化，系统参量的改变，以及系统与外界信息的交换均有关系。至于农产品流通系统是在一段时间内供给常规农产品，还是不断供给低质量农产品，还是向安全农产品系统演化，取决于哪些因素成为系统的序参量，以及这些序参量的竞争与协同。

第六章　安全农产品供给动力机制
——不同流通模式下的实证分析

第五章对安全农产品供给的动力机制进行了理论分析，本章将结合实际对不同流通模式下安全农产品供给的动力机制进行实证研究。我们选择了当前经济实践中存在最多的 6 种农产品流通模式，分别是：批发商主导的流通模式，超市主导的流通模式，合作社主导的流通模式，批发市场为桥梁的模式，加工企业主导的模式和"基地＋公司"主导的流通模式。针对每一种流通模式，首先，介绍访谈案例或问卷调查资料，从中对每种流通模式安全农产品供给的动力来源进行理论提炼。其次，围绕每种流通模式的特点，用科学的方法剖析每种流通模式安全农产品供给的动力机制。最后，以实证结果为依据，给出每种模式管控的着力点，以及如何促进系统向安全农产品流通系统演化。

第一节　批发商主导的流通模式中安全
农产品供给的动力机制

批发商在农产品流通中的主导地位源自生产的分散性，以及生产和消费空间上的分离。从经济学角度分析批发商存在的必然性在于增加交易规模，减少交易频率，从而降低交易成本。批发商作为大规模商品流通的核心主体，通过前向和后向的联系将农产品的生产、集散、批发、零售环节联结起来。各流通主体彼此间进行产销，完成农产品流通，同时实现农产品商流和信息流。过去批发商到产地批发市场收购农产品，收购到既定数量后，把产品运往销地批发市场。以蔬菜为例，批发商收购多种蔬菜，配满一车后，直接运往销地批发市场。随着农产品生产向区域化和规模化的发展，批发商也在不断走向专业化。很多批发商直接到田间地头收购某种农产品，收满整车后，直接运到销地批发市场，或是运到中转市场由下一环节的批发商进行配货，再运往销地批发市场。专业化的批发商在农产品流通中的地位越来越重要，跨区域流通的农产品所占比例越来越多。批发商有没有供给的安全农产品动力？其动力源是什么？其他流通主体是否会配合批发商完成安全农产品流通？如何从农产品流通系统向安全农产品流通系统转变？如何保证批发商主导的流通模式完成安全农产品流通是本节主要解决的问题。

一　批发商调研情况介绍

为完成本书，笔者共访谈了 40 多位农产品批发商，其中对 26 位进行了深度访谈。这些批发商有水果批发商，有蔬菜批发商，还有肉食批发商。有从业二十多年，经验丰富的批发商，也有刚从事批发业时间较短的批发商；有专门从事固定地区（如寿光市场和长沙市场）产品批发的批发商，也有随季节不同在全国收购产品的批发商。从中我们选出三个批发商，他们既是农产品流通中的典型，又各具特征。通过访谈资料的整理，探寻其安全农产品供给的意愿、动力、障碍和行为。

调研资料 1：A 类批发商。这类批发商的特点可概括为以下几个方面：一是规模较大，主要表现为农产品的交易量大，并且有专业的收购团队；二是常年从事批发交易，不受季节影响；三是到全国各地寻找货源，而销地只有一个，且销地市场的某类产品在某一个季节绝大部分由该批发商供货。这类批发商一般是销地批发市场所在地区人士。下文将以一个具体的批发市场为例进行情况说明。

李姓批发商，男，长沙人，42 岁，每年 11 月份到山东青州收购尖椒。收购人员到地头收购，装满一车约 20 吨后运往长沙的批发市场，然后再批给零售商。收购价格由批发商制定，定价依据是零售环节的价格、运输成本、人工成本和批发商的利润，生产者没有议价权。但是，生产者可以选择不同的批发商和不同的时间售卖自己的产品。批发商之间的价格会有稍许差别，不同时间的收购价格也会有差别，价格处于不断波动状态。我们还到种植辣椒的地块和农户进行了访谈，看到地里放着十几袋装好的辣椒，问农户为什么不运到地头去卖，农户的回答是当天的收购价格较低，等第二天早晨看看行情再卖。我们继续询问：两天的收购价格差别会很大吗？农户说如果涨价每斤可能差两毛钱，也可能价格下降一毛钱。农户用编织袋把尖椒运到地头市场，装到批发商提供的纸箱里。批发商雇佣装卸工和运输车辆，从地头市场收购产品后，不经产地的批发市场，直接运到长沙马王堆蔬菜批发市场。长沙的零售商、一些大饭店的采购员到批发市场购买自己所需的尖椒。李姓批发商说长沙的销地批发市场对进入市场的蔬菜有抽检措施，但并不是批批检测，大约有一半蔬菜是不进行抽检的。

调研资料2：B类批发商。这类批发商的主要特点如下：第一，批发商规模较大，表现为交易数量多，拥有专业的团队，每天都收购产品，组织发货；第二，全年或一年的大部分时间在一个市场收购不同种类的农产品，配满一车后，运往多个地区的销地批发市场，批给零售商。该类批发商多为产地或中转地批发市场人士；第三，这类批发商在收购市场有固定的摊位，常年收购不同时期、从不同产地周转来的产品，但在销地批发市场没有固定摊位。

批发商姓赵，男，山东人，32岁，做蔬菜批发生意8年。从寿光批发市场收购多个品种的蔬菜，收满一车后运往新疆和东北地区销售。收购的蔬菜既有本地农户种植的蔬菜，也有外地到寿光市场中转的蔬菜（我们调研时批发商B收购了寿光的胡萝卜、尖椒、白菜，福建的花椰菜和海南的豇豆）。批发商B收购蔬菜时主要考虑外观质量和价格，价格谈妥后雇人装箱、装车。据我们的调研和批发商的反映，寿光批发市场有质量检测制度。市场上有两个检测机构，分别由农业局所设和市场开办者所设，两个机构独立工作，对进入市场的蔬菜进行抽检。据赵姓批发商反映，进入新疆市场时，市场按车的吨位收取管理费用，一车装 20 吨，当地市场大约收 300 元就可直接进入市场售卖给零售商。进入市场时蔬菜没有被检测过质量。很多东北的市场有质量抽检制度，对进入市场的蔬菜进行抽检。

调研资料 3：C 类批发商。这是我国现存数量较多的一类批发商，和传统意义上的经纪人类似。这类批发商的特点总结如下：第一，一个人干，没有团队，也没有任何硬件设施，如运输车辆；第二，只在某个季节从事批发生意，其余时间去干和农产品批发毫不相干的其他事情；第三，收购市场和售卖市场都不固定，哪里行情好去哪里收购。

陈姓批发商，男，河北人，43 岁，从事蔬菜批发生意 18 年。每年夏秋季节到种植规模较大的某个品种蔬菜种植区进行地头收购，有时请当地人代收，按收购的重量给代收人佣金（大约是一斤菜提取 0.02—0.04 元的佣金）。一般每年的收购时间和地点没太大的变化，如夏季从定州收购莴笋，秋季从藁城收购大白菜，秋季到唐县收购红薯。装满一车后运往北京的新发地批发市场。冬春季节有时会到山东寿光蔬菜批发市场收购当地产的设施蔬菜，以及收购从海南、福建、广西等地运到寿光市场中转的蔬菜。收购后运到石家庄的佳农蔬菜批发市场。据陈姓批发商介绍，从产地地头收购，就是把散货拼在一起，自己不进行检测，这样的货品一般运往经济不太发达的销地批发市场。因为在这样的市场上或者是没有检测，或者是有检测也是形式上的，只要给检测部门一定的好处就能免检。而运往发达城市销地批发市场的农产品进入市场前要进行抽检，因担心抽检出问题，一般不从地头收购产品，而是从产地批发市场进货，因为产地批发市场，尤其是一些规模较大的市场，有检测仪器及检测报告。

二 批发商安全农产品供给行为与动力分析

批发商在农产品流通中起着举足轻重的作用。批发商愿不愿意供给安全农产品？其影响因素是什么？如果批发商愿意供给安全农产品，其他流通主体是不是愿意配合完成安全农产品流通？其决定因素是什么？本节将围绕这些问题展开。

（一）批发商安全农产品供给的行为分析

通过我们的调研得知，和批发商直接发生关系的主体主要有上游提供产品的代收者，诸如农户、合作社和家庭农场的生产者，下游以零售商、超市和大型餐饮企业为主，如图6－1所示。实践中表现为批发商到某种农产品生产比较集中的区域自己采购或委托代收者采购。自己采购的情况一般是，在当地有多年采购关系，与当地人比较熟，当地有某个地域品牌或有多年种植历史，且当地某个蔬菜品种种植比较集中。到蔬菜成熟季节，批发商在较短的时间内能采购到自己的需要量。另一种采购方式是批发商委托代收者采购，代收者一般为当地人，有的种菜，有的不种菜专门代收，蔬菜成熟时联系批发商，并帮批发商代收，批发商按约定的条件给其佣金。批发商雇用运输车辆把收购的蔬菜运到销地批发市场自己的摊位出售（一般大型批发商在销地批发市场都有自己的摊位），零售商、超市采购部门或大型饭店到批发商的摊位购买。

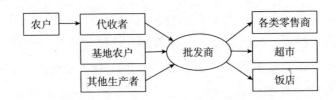

图6－1 批发商与各流通主体关系示意

1. 批发商在采购市场上的行为决策分析

理论上生产者知晓自己产品的质量安全状况，批发商不借助仪器不能全部了解，生产者可以隐瞒产品信息，以次充好而向批发商索要高价格，在一次交易中理论上的均衡是"低质量，高价格"。
实践中，批发商和供给者的均衡是"低质量，低价格"和"高质
量，高价格"，原因如下：批发商若是自己采购，一般到种植面积
大的地域进行地头采购以节约交易成本（包括信息搜集成本，谈判
成本，运输成本），他们对当地的种植历史和种植情况都比较了解。
由于多年的交往，生产者对批发商比较信任，自己产品的销路要依
靠批发商，所以一般不会欺瞒批发商。况且稍大规模的批发商有农
药残留检测仪，能快速了解产品的质量安全状况，所以实践中是对
低质量的商品出低价格，对高质量的产品出高价格。如果是批发商
对一个地区的产品不熟悉，批发商一般不会直接到地头收购，而是
委托人代收，在代收前双方会有价格、质量和代收费的约定。这样
批发商不用担心以较高的价格买到质量低下的产品。因为代收者对
当地的生产方式、生产过程很了解，与生产者是乡邻，生产者不会
故意欺瞒代收者。通过以上分析，收购市场的均衡是"低质量，低
价格"和"高质量，高价格"，如图 6 - 2 所示。至于批发商选择哪
种战略组合，取决于销售市场上的需要。

图 6 - 2　批发商采购农产品时的行为策略选择

2. 批发商在销售市场上的行为决策分析

我们再来分析批发商在销售市场上的行为策略。在销地市场上
和批发商直接发生交易的主体主要是零售商，超市和大型餐饮企业
（小规模的饭店一般不直接到批发市场采购，而是找人送货上门）。
面对零售商时，批发商的最优行为策略是"低质量，高价格"，因
为零售商不知道商品的内在质量，一般也不备检测工具。有一种情

况，此策略不能运用，即市场上该商品供大于求，且该商品易腐易烂时，批发商为了尽快出清，不得不降价销售。此时的低价格并不是由于产品的质量水平低所致，而是由供大于求所致。当批发商与超市或大型饭店交易时，批发商所采取的策略为"高质量，高价格"。因为超市、大型饭店一般采购量较大，会有专门的人员或专设的部门与批发商谈判，谈判内容之一就是质量安全水平。因超市还要接受工商部门的抽检，所以在质量上不敢掉以轻心。批发商也不能欺骗超市，现在超市一般有自己的检测部门对进入超市的产品检测并留底。大型饭店直接以熟食提供给消费者，若出现质量安全问题，饭店难辞其咎，所以采购人员对产品质量有较严格的把关。如果批发商欺瞒饭店，产品的质量出现问题时也很容易被追溯到，所以批发商以较高的价格提供给饭店高质量的产品。综上分析，批发商在销售产品时有三种策略组合，如图6-3所示，方框中为批发商的选择。

图6-3 批发商销售农产品时的行为策略选择

3. 批发商在采购和销售两个市场的综合分析

通过上文的分析，批发商在采购市场和销售市场都有两种策略"低质量，低价格"，"高质量，高价格"，那么批发商愿意采取哪种策略呢？这要取决于两类产品给批发商带来的利润空间大小、批发商下游交易伙伴的类型以及市场的检测制度。如果供给高质量的农产品给批发商带来的利润高于供给低质量农产品的利润，批发商会选择第二种战略，即"高质量，高价格"，反之，则会选择"低质量，低价格"。批发商在战略选择时还会考虑下游的交易伙伴的需求，如果下游是普通零售商，批发商会选择"低质量，低价格"，在没有市场检测机制和产品没分级的情况下，批发商可能会欺骗零售商进行"低质量，高价格"经营。如果下游的交易伙伴是超市，批发商会选择"高质量，高价格"，如果超市提出产品促销的要求，批发商会把"低质量，低价格"的产品卖给超市。如果批发商的交易伙伴是大型饭店，批发商会走"高质量，高价格"路线。如果市场有严格的检测机制，和根据产品质量分级的制度，"低质量，高价格"的产品就不会存在，批发商就只有"低质量，低价格"和"高质量，高价格"两个选择。实践中，具体到一个批发商会根据自己的寻货能力、交易伙伴情况以及市场制度做出最理性的选择。

（二）批发商安全农产品供给的动力分析

通过前文的分析发现，在生产者＋批发商＋零售商（或超市或饭店）的流通模式中，流通的是高质量的农产品还是低质量的农产品和批发商的战略选择有很大关系。在市场经济背景下，批发商的经济行为是理性的，他们会在安全农产品供给和常规农产品供给间进行选择。通过与多个批发商访谈观察到，批发商有提高农产品质量安全水平的动力，在现实条件下批发商安全农产品供给的动力主要来自经济利益、下游交易伙伴的要求和市场门槛几个方面，下文将逐一进行理论提炼和分析。

1. 经济利益是批发商供给安全农产品决策的基础

批发商作为商人，其最终目的是追求利润最大化，所以其决策的基础首要的是经济利益。批发商供给安全农产品还是不安全农产品取决于二者给他带来经济利益的比较。如果供给安全农产品所带来的经济利益大于供给不安全农产品，批发商理所当然地选择高质量水平的农产品。如果供给安全农产品不能获得额外的利益，批发商就没有供给安全农产品的动力。若没有严厉的惩罚措施，健全的约束制度，市场机制又不能识别产品质量，批发商就会为节约成本，扩大利润空间而只追逐经济利益而不顾产品质量。

2. 下游交易伙伴的要求对批发商提高农产品质量安全水平有一定影响

如果交易伙伴对产品质量没有要求，批发商会选择给自己带来利润最多的产品类型（类型指低质量和高质量的产品）进行经营。如果市场没有检测机制，批发商购买农产品时也无须考虑质量，还可以节约一定的成本。如果交易伙伴对质量提出要求，批发商就得权衡利弊，做出有利于自己的决策。交易伙伴的质量要求取决于他的下游消费者的要求，前面的案例分析已充分说明了这一点。如果消费者有对安全农产品的强烈需求，零售商自然会寻找供给安全农产品的批发商。如前面的案例所示，如果消费者对超市和大型饭店的产品有质量要求，超市和饭店的采购部门就要求批发商的产品有质量保证。

3. 销地市场检测制度对批发商供给安全农产品有导向作用

根据笔者的访谈，如果销地批发市场有市场准入制度，如对所经销的农产品的备案制度，对进入市场的产品进行质量检验的制度，批发商在收购农产品时会注重产品的质量，在收购农产品时有质量要求，且会在每个包装箱上注明产地。以我们调研的某销地批发市场为例，该市场有三个入口 A、B、C，批发商根据产品等级选择入口，衡量产品等级的指标一是外观质量，一是农药残留量，其中农药残留是个硬性指标。农药残留为 0 的精品蔬菜、水果从 A 口进入，批发价格也高。农药残留在 15% 以内的从 B 口入，价格低于精品货。农药残留在 30% 内的货品，即大路货，从 C 口进入市场。农药残留超过 30% 的蔬果不允许进入市场。如果入口和农残不对应被查到，批发商必须改变入口进入市场，还将被警告甚至根据被查到的次数进行罚款，这无疑增加了批发商的成本，所以批发商根据自己的货品质量选择合适的入口。如果销地批发市场没有检验检测机制，产品进入市场没有任何质量方面的约束和要求，批发商在收购农产品时就只注重外观品质和价格。如某欠发达地区毗邻省会城市的销地批发市场，给了市场管理费就不用进行质量抽检。在这个市场销售产品的批发商一般都从地头进货，自己也不检测，直接运到市场销售给零售商，零售商一般也没有质量要求。由此可见，销地市场的检验检测机制对批发商的农产品质量安全水平就起到了导向作用。

三 批发商主导的流通模式安全农产品供给的动力机制分析

以批发商为核心的流通模式安全农产品供给的动力机制模型如图6-4所示。批发商在这种流通模式中处于核心地位，在组织安全农产品流通过程中起着主导作用。批发商安全农产品供给的动力来自自身对经济利益的追求、市场的检测，以及消费端的需求。在三方的推动下，批发商在采购产品时对生产者会提出质量的要求，可能以合同的形式要求生产者保证产品质量，也可能向生产者索要生产过程记录。在批发商的要求下，生产者供给质量安全水平高的农产品，当然也会索要高于常规农产品的价格。批发商的采购价格高，售卖给下游主体的价格也会相应提高。下游主体零售给消费者的价格也会提高。消费者得到了高质量的产品，为此付出高价格也是理所应当。

安全农产品流通的实现依赖健全的制度环境和透明的价格机制。健全的制度环境指批发市场有检测制度，政府部门对超市和大型饭店的生鲜农产品有检查，使得超市和饭店都有压力保证产品质量。透明的价格机制是指产品价格能体现产品质量，不会出现信息不对称而产生的"低质高价"现象。完善的制度和价格激励能保证流通链条上的每一个流通主体的利益实现，各流通主体在批发商的带动下愿意为高质量产品做出努力，从而最终保证安全农产品流通的有序进行。

从自组织理论分析，消费者对安全农产品呼声增强，农产品流通系统内负熵流增加，加大政府和市场开办者对批发商的监管力度，对系统原有的平衡有序产生干扰。随着对批发商管控力度（包括约束强度和激励强度）的进一步加强，批发商成为系统的序参量，在序参量的役使作用下，系统内各要素发生非线性相互作用

（如批发商对生产者提出产品质量要求，生产者对生产过程进行质量控制），农产品流通系统产生涨落（如，系统内出现了高质量水平的农产品，虽然所占比重不是很大），通过各要素尤其是主体要素间的竞争和协同作用（如各主体通过多次博弈形成都可以接受的利益分配方案），涨落进一步扩大（安全农产品在系统内所占比重越来越多），负熵流累积到一定程度，系统发生突变，完成常规农产品流通系统向安全农产品流通系统的转变。

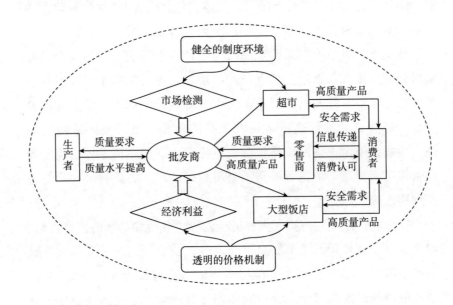

图 6 – 4　批发商主导的流通模式安全农产品供给的动力机制

四　管控路径变化及批发商主导的流通模式管控的着力点分析

以批发商为主导的流通模式安全农产品供给动力机制分析结果表明，只要加大对批发商的管控力度，批发商会通过各种方式把提升农产品质量的信息传递给系统内各个主体，各主体会配置各种资源，重新组合各要素，保证安全农产品的流通。这就需要改变和完善目前我国农产品质量的管控方式，使其能低成本和高效率地完成管控任务。

　　目前我国的农产品质量管控的一系列政策主要针对生产者和各流通主体制定，由于对各主体进行监管成本高昂，政策的真正落实存在很大困难。具体原因如下，第一，在管控分工上农业局监管生产者，工商部门监管各流通主体，卫生部门管控餐饮企业和单位食堂。这种管控方式会导致各管理部门相互推卸责任，不愿把监管落到实处。又由于我国实行的是对各个环节的抽检制度，很多农产品可能没有经任何一方监管就上了餐桌。第二，由于生产者、流通主体数量众多，对每一个主体都进行监管，成本高昂，且很难做到全覆盖式监管。第三，分段监管会产生同一批农产品可能被重复检测：既在生产环节接受了农业局的检测，在流通环节又被工商部门抽检，在下一环节还可能被卫生部门检查，这势必造成检测资源的巨大浪费。

　　笔者认为抓住关键点，不仅可以节约成本，还可以使监管变得更有成效。在以批发商为核心的流通模式中，管控的着力点是批发商，直接对批发商管控可以起到事半功倍的效果。管控政策只需作用于批发商，让批发商在监管政策的约束和利润的诱导下去监管上游和下游的流通主体。作用于批发商的监管一是政府部门监管，一是市场监管。政府方可设立一个部门监管经批发商流通的每一个批次的农产品，这样批发商不敢冒险投机。销地批发市场的开办者要对进入市场的每个批次的蔬菜进行检测。为有效避免两个部门的不作为，两个部门独立运行，相互监督。把对一方作弊的经济惩罚作为对另一方的奖励津贴，这样可以避免双方串通，也可以完成对批发商的全面监管。

　　政府对批发商的管控可分为两种方式进行，即约束性管控和激励性管控。对达到一定规模的批发商收取一定数量的质量保证金，政府部门对经批发商流通的农产品进行检验检测，查出问题没收质量保证金，并进行罚款。在规定的检测次数内对没有发现质量问题的批发商进行激励。激励可采取经济激励和非经济激励两个手段。如对某个约定的时间段没有出现质量安全问题的批发商给予一定奖励、补贴或荣誉称号，或通过媒体宣传其商业行为。对于注册了农产品品牌的批发商，可以帮助宣传其品牌，免费为提供高质量产品的批发商做广告。

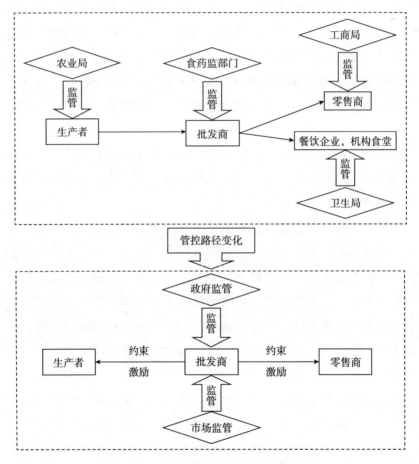

图6-5 以批发商为核心的管控路径变化

第二节 超市主导的农产品流通模式中 安全农产品供给的动力机制

以蔬菜、水果为代表的生鲜农产品于20世纪90年代末期进入超市，经过近 20 年的发展，生鲜农产品在超市经营中已占相当比重。有的超市甚至以经营生鲜农产品为主要特色，如永辉超市股份有限公司，其在全国多个城市建有连锁店。目前经超市售卖的农产品在整个农产品流通中占有很大比重，尤其是在大中城市，超市成为生鲜农产品主要销售渠道之一。如何保证超市生鲜农产品的质量安全水平就显得尤为重要。本节将分析以超市为主导的流通模式中超市安全农产品供给的动力来源，动力机制以及如何保证该流通模式中农产品的质量安全问题。

一　超市安全农产品供给的案例分析

（一）案例选择与资料收集介绍

笔者共收集了 20 家经营生鲜农产品的超市的资料。这些超市既有单体店，也有连锁店；既有国外的知名超市，也有国内的地方性超市；既有地处省城、硬件设备完善、现代化程度很高的超市，也有地处僻远县城、硬件设备简陋的超市。最终，我们选择在大中城市存在类型最多的两种类型超市为研究的对象，一类是生鲜农产品由超市自营，另一类是超市把摊位出租给个人经营。考虑数据的完整性、资料的真实性和对案例的熟悉程度，我们最终以某省会城市大型连锁超市和规模不太大的便民超市为案例分析对象①。下面都简称案例超市。

我们访谈了案例超市采购中心的总负责人，了解了该超市的采购渠道、质量控制措施。访谈了超市的供货商，包括农户、合作社、批发市场的供货商，了解了农产品进入超市的标准，对供货商的要求。访谈了超市生鲜农产品的理货员，了解产品的保鲜措施，对不新鲜产品的处理，以及遇到因质量引起纠纷时的处理方法。对超市的检验检疫人员进行了访谈，深入了解了检验的批次确定，检验的标准和检验过程。还对消费者进行了访谈，了解其到超市购买

---

① 因为超市对质量安全问题非常敏感，访谈时就承诺所获资料只做研究之用，不公开超市的名称。

生鲜的缘由，购买农产品时注重的方面。对于把摊位出租由个人经营生鲜的超市，我们重点访谈了几个经营生鲜的老板。

（二）案例1

1. 案例超市概况

案例超市起步于 2000 年，是一家地方性连锁超市，目前在某省会城市已有 28 家门店，覆盖所在城市 650 多个小区。这些门店一般都处在人口密度较大的居民区，主要顾客是城市居民，火车站流动人口较多的地方也有这家超市的门店。该超市为综合性超市，经营的物品基本上涵盖了人们的所有生活用品，除日常百货外，食品有包装食品，也有现场制作的食品；有便于保存的食品，也有生鲜食品。其中，生鲜农产品在超市销售中占很大比重，每家门店都有生鲜农产品销售专柜。

因为本书主要关注生鲜农产品的流通和质量安全状况，下文将首先了解案例超市生鲜农产品流通概况。案例超市的生鲜农产品的经营方式为自营方式，即从采购到销售由超市统一管理。下文将从采购方式、进货渠道、价格决定、物流几个方面阐述案例超市的生鲜农产品经营状况。案例超市生鲜农产品的采购来源为全国各地，超市的采购部门有专业的人员到全国寻找货源。当本地和外地都出产某种农产品时，为降低成本会以本地采购为主。具体的进货渠道有以下几种：一是到某种农产品种植规模较大的生产基地进货；二是和一些农业专业合作社、家庭农场签订合同，从它们那里购买；三是到当地的销地批发市场购买；四是由当地农户供货上门。在这四种进货渠道中合作社和家庭农场占的比例最大，批发市场仅作为货源不足时的补充。这些供货的合作社和农户一般与超市有长期合作关系，但不存在预定、提前签合同的情况，一般是在当季签合同。超市目前还没有自有生产基地。问起原因，被访谈人员回答：建自有基地风险大，成本太高，超市对基地的管理水平目前也不具备。超市选择供货农产品时考虑的主要因素一是外观质量，一是价格，也会考察产品的质量安全水平。对来自销地批发市场的商品主要考虑价格，农产品的收购价格以市场行情为依据，价格合适，则买卖双方谈判达成。超市相信批发市场的检验能对质量安全水平进行把关，所以从批发市场购进的农产品，超市一般只登记批次，不再检测。对来自农户生产的农产品，超市方会做质量方面的调查，收购价格的决定权一般是控制在超市手中。超市有自己的运输车辆，在本地采购中从采购地直接运达超市的采购总部，再给各个超市配货。运输中商品损耗占 5%—8% 。

2. 超市流通模式中各相关主体对生鲜农产品质量安全的看法

超市管理者认为，一些农产品存在质量问题是由于消费者在购买过程中偏向于外观较好的产品，但在实际生产过程中，由于自然条件的不确定性，无法全部生产出外观漂亮的产品，为了迎合消费者，有些生产者会用降低产品质量水平的方法提高产品的外观品质，超市方会尽量保证超市出售农产品的安全。当问及如何从根本上解决质量安全问题时，超市管理者认为改变农产品的生产方式，由农户家庭经营变为合作社或规模较大的农场经营，这样有利于提高产品的标准化生产，也便于追溯。超市门店生鲜农产品的售货员认为，因为经过多道把关经超市流通的产品比外边市场卖的产品更放心。超市的供货商说，因为担心出现质量问题而失去这条销售渠道，所以供给超市的产品质量把关会严格些。批发市场的批发商则反映供给超市的农产品和供给小商贩的没有太明显的区别，除非超市对农残有要求才会供给超市高质量水平的农产品。消费者对超市农产品质量安全问题的看法有两类：一类是消费者认为从超市购买的农产品质量安全水平更高，另一类是消费者认为和零售市场小商贩销售的农产品没有区别。

3. 超市为保证产品质量安全采取的措施

超市为保证所经销产品的质量安全采取了如下措施：（1）保证进货渠道安全。超市到生产基地进货会了解农产品的生产过程，若有投入品使用情况记录，采购人员也会查看。从合作社进货一般签有合同，合同条款中会涉及质量要求和出现问题所承担的责任。从农户处进货，这些农户一般是长期合作的农户，对产品的种植模式和质量采购人员都很了解。若从没有合作过的农户处进货，采购人员会从邻居处探听该新农户的人品、种植历史、生产方式。超市人员认为从批发市场进货是很安全的，因为批发市场有抽检制度，问题农产品不敢进入批发市场。（2）登记进货和出货信息。超市采购总部对每个进货批次都有详细的登记和留样。一旦出现质量安全问题会迅速找到供货商。（3）采购部抽检。采购部按照国家质检标准进行抽检，质检成本由超市承担，所以一般是抽检方式，而不是批批检测。采购部对农户的供货全部检验，对于有资质、有认证的正规合作商采取抽检的方式，对于批发市场的进货采取抽检的方式，对于进口商品不做检测。问及原因，采购部人员反映，因为批发市场有检测机制，所以对从批发市场的进货采取抽检的方式；因为海关要检测进口商品质量，所以超市对进口商品不进行抽检。（4）超市门店质检。各超市门店设有质检部门，生鲜农产品进入各个超市门店时，门店要进行检测，并留样。（5）建立追溯码。消费者从各门店购买生鲜农产品的购物单上都有一个追溯码，该追溯码一般只能追溯到购买门店。对于产品的生产者和流通商无法追溯。但是由于采购部对每批货都有进货记录，所以一旦出现质量安全问题，能够查到产品的源头。超市有少部分产品可以追溯到生产源头，这些商品的供货商和超市签有长期供货合同，并有长期供货业务。

4. 超市对质量安全事件的处理

本案例超市曾发生过消费者投诉的质量安全事件。以离访谈时间最近的一次为例，消费者上午从超市买了榴梿，买回家的当天晚上食用，第二天出现拉肚子症状。消费者投诉榴梿存在质量安全问题。超市接到报告后随即派人对此起事件进行了处理：一方面是安排消费者就医并了解过程，另一方面对同批次榴梿进行化验检测，并了解买了榴梿的其他消费者的情况。根据调查结果，榴梿本身并不存在质量安全问题，消费者的症状与食用榴梿没有直接关系。超市通过媒体对此次事件进行了澄清和解释。从超市的处理过程可以看出，超市对质量安全事件非常紧张和重视。

（三）案例2

案例超市是以出租摊位的形式经销生鲜农产品的超市。这家超市位于交通便利的十字路口的东南角，周围有几个住宅区和两个高校，人口密度较大，是一家规模不太大的便民超市。超市面积690平方米，生鲜农产品的摊位面积大约为230平方米，约占超市面积的33.33%。由一个老板承包经营。我们重点访谈了租赁摊位的李姓老板。该老板在省会城市的16家超市租赁摊位经营蔬菜和水果，案例超市是其中的一家。我们以这家超市为典型了解出租摊位的生鲜农产品经营和质量控制状况。

经营生鲜的李姓老板以租赁的方式租下超市的摊位，售卖蔬菜和水果，蔬果的品种由老板决定。李姓老板雇用几个理货员在生鲜区整理货品，包括补货、清理烂掉的蔬果、包装、称重等事项。该超市的蔬菜夏秋季节大部分来自当地的蔬菜产区，冬春季节大部分货源来自某大型销地批发市场。李姓老板自己和其兄弟专门跑货，寻找生产蔬果的基地和合作社。李姓老板的哥哥在离超市40公里的郊县有一家蔬菜合作社，这家合作社的蔬菜全部在超市出售。由于做超市生鲜有6年时间，李姓老板和很多生产基地签订了合同，这些生产基地的蔬菜和水果成熟时，雇车运到超市经整理后销售。离超市最近的一个销地批发市场有该老板的门店，雇人在门店购买批发商从产地运来的各种货品，再运往超市销售。遇到节日超市方会要求专柜拿出一些产品进行促销，如果是外地货品如香蕉，李姓老板从产地找人代收，直接发货到超市，这样可以减少批发市场流通环节，从而节约成本。如果是本地货品如大白菜，他们就到本地种植集中的区域从农户手中直接收购，进货价压得很低，为促销留下利润空间。

当问及对蔬果质量安全问题的看法时，李姓老板毫不犹豫地回答，自己会尽最大努力保证产品质量，因为出现问题不仅要面临工商部门高额的罚款，还将被超市方拒绝租赁专柜，成本实在太大。

当问及如何保证产品质量安全时，李姓老板针对不同的进货渠道谈
了保证措施：一是从销地批发市场进货，因为批发市场对产品有抽
检，所以他们自己不再进行抽检，而是等工商部门对超市检查时抽
检。二是从合作社和家庭农场进货，他们用自己的检测设备进行快
速检测。三是从自己的合作社进货，在收摘前在田地里检测，检出
问题的产品不再收摘。四是从生产基地进货，尤其是从各个农户处
购买，要对每批货品进行检测，工商部门对超市查得很严格，所以
他们不敢冒险。

二　超市安全农产品供给的动力分析

通过前面的案例分析和笔者对其他超市的访谈资料，我们对超
市安全农产品供给的动力源进行了总结，主要有注重超市的声誉、
满足消费者需求、超市的技术优势和政府部门对超市的检查四个
方面。

（一）注重超市声誉是超市供给安全农产品的原动力

超市所销售的农产品是否安全，与超市的声誉和形象紧密相关。
良好的声誉是超市所拥有的独特资源，它可以吸引顾客，占有更多
的市场份额，从而提升超市的竞争力。声誉的培育与提升需要较长
的时间，而损毁却十分容易，可能一件事就毁坏了超市的声誉。基
于此，任何超市都不愿因质量安全问题而影响自己的声誉和形象，
从而影响长期的经营业绩，因此对超市而言保证农产品的质量安全
至关重要。此外，在信息发达的今天，质量安全问题的社会效应非
常之大，一旦超市出现质量安全问题，超市会面临来自政府、社
会、消费者各个方面的压力，除了给超市造成直接的经济损失外，
还会有信誉、形象、品牌等间接损失，而间接损失是超市在短期内
无法挽回的。

（二）满足消费者需求是超市供给安全农产品的推动力

随着我国居民人均收入的提高，在日常食品的购买过程中，质
量也来越被重视，尤其是城市的消费者更加注重生鲜农产品的质量
安全。据我们的调研，与农贸市场相比消费者更信任超市，认为超

市的生鲜农产品质量更有保证。为了满足消费者对质量安全的需求，目前很多超市采取多种手段保证所售产品的质量并让消费者了解，如引进追溯系统，在所销售的农产品上标上追溯码，让消费者明白超市所销售的产品来路明确，吃着放心。另外，我国《食品安全法》中明确规定了食品经营者对消费者所应负的责任，这将迫使超市在食品生产、采购、销售等各个环节，通过检验监督等手段确保所经营农产品的质量。

（三）技术优势使超市能够控制农产品质量

与一般销售农产品的商贩相比，超市在保证农产品质量的硬件建设方面具有明显的资金优势和技术优势。大型超市一般会配备先进的农产品质量检测设备和合格的检测人员，对农产品的质量进行监控。同时保存详尽的检测记录档案，以备应对质量安全问题的出现。如2012年家乐福投资500万元在上海设立安检实验室，主要对生鲜果蔬商品的农药残留、重金属、微生物、食品添加剂等指标进行常规检测。通过对产品的检测，可以找出农产品质量问题出现的具体环节，明确农产品质量问题的责任方，有助于以超市为主导的农产品流通模式中各环节质量管理的提升，从整体上提高通过超市模式流通的农产品质量安全水平。

（四）政府部门抽检对超市形成强有力的约束

食品药品监督管理局和工商部门会对超市所经销的食品进行不定期抽检，虽然不是批批检测和天天检测，但因为严厉的惩罚措施使得超市不敢忽视生鲜产品的质量安全。惩罚措施包括，赔偿消费者损失、罚款、停业整顿，若出现重大质量安全事件，还要追究刑事责任。政府部门的抽检对超市形成强有力的约束，使其不得不保证所售产品的质量。但是调研发现，在一些市场经济欠发达的地区，政府检测部门利用权力寻租的问题广泛存在且较严重。只要给相关人员一定的好处费，检测就不按正常标准和程序执行，或是直接免检。由此可见，对超市真正的约束在于质量检测的执行到位。

三 超市主导的流通模式安全农产品供给的动力机制分析

以超市为核心的安全农产品供给的动力机制指超市在什么情况下有供给安全农产品的动力，超市如何保证安全农产品的供给。如图6-6所示，超市安全农产品供给的动力来自四个方面，分别为超市的声誉、消费者需求、政府部门的抽检和超市的技术优势，这四个方面形成一股合力促使超市提高农产品质量。在这股合力的支配下，超市会采取措施保证货源的安全，如派采购人员到批发市场进货，一是要求采购人员要严格保证产品质量，二是对购进的产品进行质量检测，并留样，以备出现问题时可追溯。采购人员从农产品生产基地采购的产品进超市前也要经过检测。超市和一些有资质的合作社和家庭农场签有购销合同，合同里面会有质量条款的约定，用于约束供货商的行为，以保证供给超市产品的质量安全水平。

下面用自组织理论分析以超市主导的流通模式如何向更高质量的流通系统演化。超市的生鲜农产品若想提升一个档次，而不是仅仅停留在各项检验超标，则需要外界环境给超市农产品流通系统不断输入信息。随着时间的推移农产品生产方式发生变化，以家庭为单位的小规模生产在减少，生产的规模化和专业化水平在不断提高，合作社和家庭农场经营的农产品比例越来越高。国家宏观政策导向由人们"保证吃饱"向"保证吃好"转变。消费者的消费观念向"少吃"、"吃好"转变。农产品检验的各项标准和国际接轨，超市也不得不在收购农产品时改变标准，提高产品的质量安全水平。随着通信技术的进步，人民可以快速获得各类信息，从而做出相应的各种反应。如已有媒体报道某种产品出现了质量安全问题，消费者能很快获得信息，停止购买。这些环境信息都会作用于开放的超市农产品流通系统，农产品流通系统内负熵流增加，对原有的系统产生扰动。随着消费者对生鲜农产品质量的越发重视，政府部门对超市的抽检力度加大，随之超市购买农产品时格外注重产品质量，超市成为役使系统的序参量，在序参量的作用下，超市的上下游各要素发生非线性相互作用（如超市对产品的供应者提出产品质量要求，对消费者索要较高的价格），农产品流通系统产生涨落（如，超市把产品按质量分级，经营不同质量水平的农产品），在超市的带动下，通过主体要素间的协同作用（如超市采取高质量、高价格经营策略），涨落进一步扩大（超市经营高质量农产品比例越来越大），随着负熵流的累积（如超市具备快速检验技术，政府抽检力度加大）系统发生突变，完成常规农产品流通系统向安全农产品流通系统的演化。

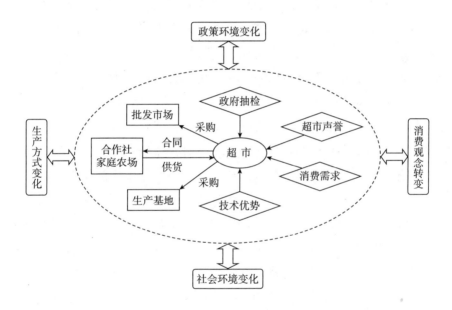

图 6 - 6　超市主导的流通模式安全农产品供给的动力机制

四　管控路径变化及超市主导的流通模式管控的着力点分析

目前我国还没有针对超市流通模式的管控，该流通模式只是处于一个大的管控框架下。目前具体的管控框架如下：一是工商部门对超市生鲜农产品的质量抽检，二是工商部门对农产品批发市场的抽检，三是农业部门对合作社和家庭农场的督促或奖励使其供给安全农产品。这样的管控框架看上去实现了无缝链接，实际上存在诸多弊端：第一，管控成本高昂。三个环节都要进行检测，都需要配置设备和相关人员，造成高昂的管控成本。第二，存在重复检测问题。某类商品在三个环节可能经过三次检测（虽然概率很小，但并不是没有可能），造成管控资源的无端浪费。第三，存在检测空白。因为三个部门都是抽检，可能有些农产品每个部门都未检测到，致使问题产品直接流向了消费者餐桌。第四，检测部门存在不作为现象。因为工商部门、食药监部门和卫生部门都有检测义务，所以每个部门都希望自己少检测，少付出，其他部门多检测，最终可能使检测流于形式，大量商品未经检测就进入了超市。超市也存在投机行为，政府部门是抽检，为节约成本自己也采取抽检，所以超市的部分产品可能没经任何检测就到了消费者手中。

若想抑制管控部门的偷懒行为和超市的投机行为，提高以超市为主导的流通模式中农产品质量安全水平，政府管控的着力点应当是超市，即以超市为抓手，管好超市，从而使整个以超市主导的流通模式中的农产品质量提升一个水平。具体做法如下：一是由一个监管部门管控超市，如工商局，避免多部门监管带来的监管惰性以及责任不明确。二是由超市监管供货方，政府部门不必介入从而节约监管成本。因为给超市供货的农户、合作社、家庭农场是超市的长期合作伙伴，超市可以按国家标准或自己制定的标准要求供货商供货，只要超市的采购价格能弥补生产安全农产品的成本并留足利润空间，供货商是没有异议的。有经济实力的超市还可以对生产过程提供技术和信息服务，让农产品的质量安全水平上一个台阶。对于签有长期合同的生产基地，超市还可以指导生产者进行产地环境的污染防治和环境保护。有经济实力和管理水平较高的超市可以发展自有生产基地，自己管理生产过程，对生产过程进行质量安全控制。为提高产品质量，超市可以给生产者多种形式的激励，如提高收购价格、优先收购、帮助宣传生产者品牌等，使生产者加强源头管理，为超市生产更高质量水平的农产品。

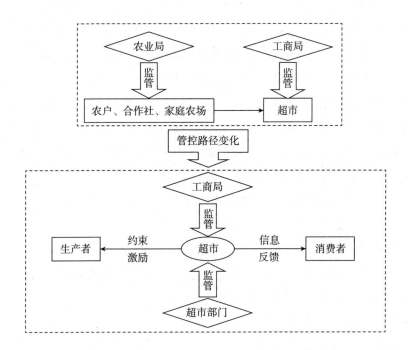

图 6 - 7　超市主导的流通模式中管控路径变化

第三节　合作社主导的流通模式中安全农产品供给的动力机制

自《中华人民共和国农民专业合作社法》颁布后，合作社在我国快速发展，截至 2016 年年底，我国依法登记的农民专业合作社有179.4 万个，入社农户占全国农户总数的 44.4%[①]。目前合作社已成为将分散农户联合起来迎接市场挑战的重要组织载体之一。农民专业合作社作为独立的市场主体，不但生产农产品而且销售农产品。合作社的销售渠道有多种，可以把所生产的产品不经产地批发

① 中国资讯网，http://www.ccmb360.com/article/show.asp? id = 445603

市场直接运到销地批发市场批给零售商，合作社还可以到城里建立自己的直销店，直接向居民供应自己的产品，或与大型零售商对接，把产品直接送到超市。尽管我国目前很多合作社的运行还不是特别规范，合作社流通模式在现代的农产品流通中已占有一席之地。本节将主要分析以合作社主导的流通模式中合作社安全农产品供给的动力是什么，通过案例剖析合作社安全农产品供给的动力机制，在此基础上找出该模式管控的着力点。

一 合作社安全农产品供给的案例研究

（一）案例说明

为完成本项目，笔者走访了河北省、浙江省和四川省的多家合作社。这些合作社既有土地股份合作社，也有经营特定农产品的专业合作社；既有种植合作社，也有养殖合作社；既有社员众多、跨多个行政村的联合社，也有社员仅限于本村的合作社单体；既有从事农业生产或某个服务环节的合作社，也有生产和销售一体化程度较高的合作社。由于我们与农业职能部门联系较多，我们有省级和市级示范社名单资料，在名单列出的诸多合作社中，我们首先依据标准选择案例分析的范围。这些标准包括：依法登记设立，有独立的法人资格；有规范的合作社运行机制；有明确的业务范围；合作社和社员有紧密的合作关系而非单纯的买卖关系。然后在具备上述条件的合作社中随机抽取案例合作社。笔者对合作社的理事长、社员和村干部进行深度访谈，掌握合作社资料。访谈过程中重点关注合作社管理人员对质量安全的看法及所采取的质量保证措施。

（二）案例1

案例1合作社于2009年8月登记注册，注册资金100万元，注册时有社员5人，到2015年有社员103人。合作社经营的主要产业是食用菌如黑木耳、冬菇、腐竹等的生产和销售。合作社产品有自己的注册商标，产品主要销往北京、沈阳、秦皇岛海阳市场及各大超市。合作社内设有办公室、技术服务部、供应销售部、财务管理部等。合作社占地100余亩，年生产木耳菌棒120万个。合作社现有房屋 900 平方米，机井 4 眼、输水管 2000 米、微喷管 10000 米、微喷头 8000 个、木耳发菌棚 10 个。2015 年，合作社资产总额 448 万元，实现经营收入 120 万元。

合作社采取"企业 + 合作社 + 农户"的运作模式，组织机构健全，设有理事会和监事会，理事长由选举产生。合作社管理实行理事长负责制，由成员大会和理事长根据相关法律法规对合作社共同管理。合作社制定了健全的管理措施和财务管理制度，严格按照相关规定进行收益分配。由于合作社办理食品安全许可证（QS）受限，2011 年合作社召开社员大会，决议成立由合作社下属的某有限公司负责 QS 申请，并负责产品对外销售。合作社的经营模式变为"农户 + 合作社 + 公司"的模式。合作社采取的盈余分配方式是按股分红和按交易量返还。

合作社安全农产品供给分析。案例合作社生产的产品为食用菌，在食用菌的生产、加工、储存和流通过程中，容易产生有毒有害物质残留、污染及超标，比较突出的问题是重金属超标、农药残留、化学药剂和生物毒素污染。我国曾出现过"镉超标竹荪""二氧化硫超标银耳""黑白平菇"和"金针菇漂白"等事件。下面我们分析案例合作社如何保证产品质量安全。

合作社对质量安全的重视伴随着合作社发展的步伐。合作社成立不久就制定了科学的质量标准和生产技术规程，并很快付诸实施。当取得一定效果时开始申请国家认证，2011 年 10 月注册商标并获得 ISO 认证，2013 年 9 月该公司通过国家"QS"认证，2015 年 3 月该公司的产品获得绿色食品标识。

合作社管理人员对质量安全的重视在实践中还表现为三个方面：一是合作社对社员实行"六统一"管理模式，即"统一采购原材料，统一发放菌棒，统一技术培训，统一质量，产品统一回收，统一销售"。"六统一"管理提高了产品的标准化程度，可以有效地控制生产过程中的质量安全问题。二是聘请专家能人举办科技知识培训班培训社员。通过培训提高了社员对质量安全的重视程度，并让社员学会了生产过程中如何更好地保证产品质量。三是合作社组织水平较高的技术骨干，成立了6人技术小组，除了负责对社员农户进行重点管理工作外，还负责对全村种植户（包括社员和非社员）进行技术培训，通过课上听讲、课后在技术指导下实习的方式，掌握先进的生产技术，极大地提高了合作社社员的种植技术和管理水平。

（三）案例2

案例1合作社的质量安全控制主要体现在生产方面，案例2合作社除了在生产领域的经营，还很好地向下游进行了延伸。

案例2合作社是沧州三家蔬菜种植合作社，课题组于2014年8月份对沧州合作社进行调研，发现三家合作社和一般合作社有较大的区别，我们作为案例进行剖析。这三家合作社在一个区域，经营的产品都是蔬菜，三个合作社社长都相互熟悉，合作社的运行方式与管理机制基本相似。案例2合作社的最大特点是，三家合作社共同承包了当地的一个产地批发市场，把生产和销售紧密地联系在一起。

合作社发展概况。合作社的成立时间较早，分别为2000年、2007年和2009年。刚成立时，运行并不规范，只是号召社员种植蔬菜，合作社帮助寻找销售门路。当本地的蔬菜供大于求、销售困难时合作社也是无能为力，社员对于市场风险和价格风险没有任何抵御能力。2007年，三家合作社开始健全自己的组织机构，完善运行机制，到我们调研时已经成为非常规范的合作社。

合作社安全农产品生产过程。三家合作社对生产过程的管理方式相同，唯一不同的是种植品种的差异。合作社决定蔬菜种植品种，向社员提供种子。生产过程中的所有投入品由合作社统一购买，发放给社员使用。合作社有专门的技术人员，病虫害由合作社统一防治，肥料的选择也由合作社决定。社员只需按合作社要求的时间到田间劳动即可。合作社对生产过程的统一要求和管理，大大提高了蔬菜的质量安全水平。

合作社组织产品的销售过程。三家合作社共同承包了一个产地蔬菜批发市场。该市场1998年由政府投资建设，地址设在生产瓜果和蔬菜的农村地区。由于交通不便和对市场的宣传不够，市场的辐射半径非常短，很少有外地客商来当地收购农产品。造成该市场供给多需求少的局面，经营一直不景气。2000年由当地的三个合作社承包，承包后对市场的硬件进行了改造升级，对市场周围的道路进行了修建。到我们调研时，市场占地100亩，配有四座交易大棚，占地5000平方米，冷库120平方米，配送车间120平方米，仓库400平方米，检测室90平方米，培训室100平方米，加工能力1000吨的黄瓜腌制厂，其他办公房间40间。合作社规定：三个合作社社员的产品都要到该市场销售，市场不收任何管理费用；非社员农户到该市场销售，按重量提1%的佣金。批发市场对蔬菜分级，分级后根据规格不同给予不同的包装，包装由批发市场免费提供，印有标志，作为当地蔬菜的品牌。合作社常在中国蔬菜网发布蔬菜供给信息，使外地客商了解当地蔬菜的上市时间和价格。在市场没有知名度前，为吸引外地客商到当地收购农产品采取了很多措施：如主动打电话和外地客商联系，免收进场费，免费为客商代收，免费提供仓储等。经过一段时间后，市场为客商所了解，到某种蔬菜或水果成熟的季节，就有客商到市场订货。外地客商收购产品后，直接运往销地批发市场，外地客商的收购量占整个市场供应量的80%—90%，其余10%—20%的蔬菜进入超市销售。我们调研时，市场年交易量75万吨，年交易额13亿元。市场辐射范围包括河北、天津、北京、湖南、湖北、内蒙古及东北地区。

二　合作社安全农产品供给的动力分析

通过案例分析发现，合作社供给安全农产品的动力可总结为四个方面：一是保证合作社的渠道优势，二是合作社组织制度所决定的对劳动的监督成本较低，三是合作社维持长远发展的战略选择，四是合作社下游流通主体对其强有力的约束。下文将逐一进行剖析。

（一）保证渠道优势是合作社供给安全农产品的原动力

合作社集合了众多社员的产品，产品供应量大，稳定的销售渠道可以降低合作社的销售风险和价格风险。尤其是产品卖给超市的合作社和出口企业的合作社，只有保证产品质量才能稳定住销售渠道。一般情况下，合作社产品卖给超市和出口企业的价格要高于市场价格，因此合作社更愿意把农产品销售给超市和出口企业。有时，超市销售产品时会利用合作社的商品品牌，这就提高了合作社的品牌效应。合作社通过综合利益的考量，愿意稳定住超市这类销售渠道，从而也愿意满足超市的要求去保证农产品质量。至于是否把农产品的质量安全提高到另一个水平，则取决于下游购销商的进一步要求。

（二）较低的监督成本使合作社供给安全农产品成为可能

合作社在保证农产品质量方面具有天然的优势。农产品生产过程中质量安全问题难以控制，最主要的原因是农业监督的困难。林毅夫（1992）曾指出，"由于农业生产不可能集中在一个点上，也由于它包括连续从一种类型的农活向另一种农活转变，且由于它依赖于单个劳动者在经营中必须对湿度、气温和其他气候条件做出相应的迅速决策，要进行密切的监督是成本极高的，以至于不可能实现"。如果分散生产的农户不是主动供给安全农产品，靠监管提高农产品质量基本上没有可能。对于合作社生产，合作社对社员的监管也存在监管效率低下问题。但是，合作社社员之间的相互监管是非常有效率的。一是因为社员之间有相互监督的动力。因为他们的产品是集中在一起销售的，若别的社员的产品存在质量问题，则会影响自己的经济利益。二是因为社员之间相互监督非常容易。社员基本上是在相同的时间段在田间从事相同的劳动，他们了解生产过程的每一个细节，若有人不按规定操作很容易被发现。对于合作社而言，社员之间的监督不用合作社投入额外的监督成本，只需进行合适的制度设计就解决了劳动监督的问题。实践中，合作社探索出多种方法保证农产品质量，如实行合作社内部质量追溯制度（施晟、卫龙宝等，2012），实施连带责任机制（赵建欣，2010），通过抵押，社员之间相互套牢的制度（施晟、卫龙宝，2014）。

（三）维护长远利益使合作社愿意保证农产品质量

一些专业合作社成立的区域一般有生产某种农产品的传统，如药材合作社、梨果合作社、西兰花合作社，也就是说这个区域的农民以这种农产品生产为主业，他们非常珍惜这种农产品的种植传统和地域品牌价值，不想因为质量安全问题毁了自己的长远生计。我们调研寿光蔬菜种植农户时，他们表现得非常明显，他们非常在意寿光蔬菜这个品牌。社员在乎，合作社相应的也就重视，一般不会因质量安全问题失掉社员，损坏合作社的信誉，影响其长远发展。况且合作社一般还有一些专用资产投资，合作社只有长期经营才能收回成本，所以从长远考虑合作社有保障农产品质量安全的意愿。

（四）买方约束使合作社不得不提高产品质量安全水平

合作社在销售产品时一些购买方会对产品的质量提出要求，如产品销售给超市，有的超市要对产品质量进行抽检，有的超市不仅抽检还要索取生产过程中投入品使用情况记录。若产品销售给高档宾馆，宾馆会以部分产品延期付款的方式来约束合作社以保障产品的安全性。这就迫使合作社不得不提高产品质量，我们调研沧州某合作社，他们的黄瓜、西红柿等蔬菜销售给家乐福超市。超市每次进货都有抽检，并且索要生产过程记录，包括具体的农药品种和施用时间。我们调研的保定某合作社，其产品销售给北京的某高档酒店，对每批产品酒店都会用快速检测仪检测农残情况。买方对质量安全的要求和一定的约束条件使合作社不得不提高产品质量安全水平。

三　合作社主导的流通模式安全农产品供给的动力机制分析

合作社安全农产品供给的动力来自多方作用的合力，一是合作社自身发展的需要。因为合作社生产规模一般都比较大，所以有特定的销售渠道，合作社要保证渠道优势，和其他流通模式进行竞争，质量是其具有独特优势的方面。二是合作社的制度安排会使社员有质量安全控制优势，并自觉监督其他社员的生产行为，以维护自己当前和长远的经济利益。同时，农民合作社的组织性质使得农产品质量追溯更容易实施。合作社可以对社员制定奖惩措施，可以有效保证社员生产的产品质量安全。一旦个别农户发生机会主义行为，则很有可能被取消社员资格，无法享受到合作社提供的各项服务，造成因追求短期利益而失去长期收益。三是因为合作社的供给量比较大，下游交易主体会对合作社产品有质量要求，如超市，蔬果连锁店。因此买方约束构成合作社安全农产品供给的动力之一。四是合作社为了巩固已有渠道，维持渠道优势，会有提高产品质量的动机。若使合作社供给的农产品质量上一个台阶，还要依赖外界政策的变化和市场的变化。政策变化，比如政府要求合作社进行产品认证，合作社需按认证标准生产出相应质量的产品。市场变化，比如高消费群体增多，对高价高质的产品需求量变大，对产品质量要求提高等，都促使合作社去提高产品质量。

下文应用自组织理论解释以合作社为主导的农产品流通系统向安全农产品流通系统的演变和运行。流通系统在开放的前提下不断接受来自外界的市场和政策信息，如农产品的市场竞争越来越激烈，政府要求合作社产品进行认证，外界信息输入系统导致系统内负熵增加，系统出现扰动，系统显示出微小涨落。如果下游客商对产品质量提出要求，合作社就会做出一系列反应，即系统内各要素发生非线性相互作用，如对社员进行安全生产的培训，制定奖惩措施，安排相互监督的制度，社员对产品质量的重视程度会有所改变，随即作用于生产过程。所生产出的质量安全水平不断提高，最终完成从普通农产品流通向安全农产品流通的转变。这个过程中，起重要作用的是合作社，合作社接收外界信息，再和系统内其他要素发生协同作用，最终引起系统功能的变化。

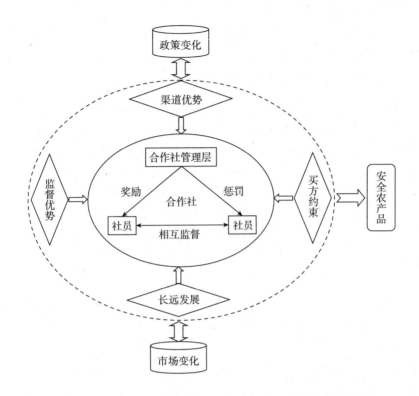

图6-8　合作社主导的流通模式安全农产品供给的动力机制

四　合作社主导的农产品流通模式管控的着力点分析

通过对案例合作社的分析我们发现：合作社作为市场经济主体有追求利润的内在动力，为维持其在市场上的地位和自己的长远经济利益，合作社会不断提高自己产品的质量安全水平。正如案例合作社从"ISO"认证到"QS"认证，再到"绿色"产品认证。所以若想提升以合作社为主导的流通模式中农产品的质量安全水平，只要管控合作社就可以实现。具体做法如下：其一，要求合作社按社员数量、经营规模或营业额大小到政府指定部门进行登记备案。登记在册的合作社有义务接受指定部门的监督。为了鼓励合作社去登记，有关合作社的奖励政策可通过指定部门实施。不登记不接受监督的合作社也不能享受政策优惠。其二，该政府指定部门要不定期对合作社进行田间检查，到产品收获时进行检测，查出问题给合作社以惩罚。其三，对于没有问题的产品，发放免检标志，后面的环节可以免检。其四，对于生产产品一直良好的合作社给予经济奖励和品牌宣传。让合作社感受到供给高质量农产品的益处。把质量安全管控的着力点定位到合作社，可以解决不同监管部门相互推诿的问题。只要对合作社形成强有力的约束，合作社就会统一管理生产过程，设立制度约束社员行为，保证合作社供应产品的质量。

第四节　以批发市场为桥梁的流通模式中安全农产品供给的动力机制

农民把产品运到批发市场，零售商从农民处批发再转到零售市场零售是我国传统的农产品流通模式。批发市场为农产品流通提供了场所，为生产者和销售者提供了产品和信息的桥梁。在以批发市场为桥梁的流通模式中，没有核心流通主体，农产品的生产者把没有加工处理的农产品运到批发市场销售，零售商从批发市场进货。生产者和零售商之间是一次性交易关系。农产品的质量安全状况只有生产者自己明白，质量信息严重不对称。本节将重点分析以批发市场为桥梁的流通模式中，生产者安全农产品供给的影响因素，然后再分析零售商安全农产品供给的意愿和动力，在此基础上找出以批发市场为桥梁的流通模式中安全农产品供给的动力和障碍，指出这种模式安全农产品供给的管控重点。

一　农户安全农产品生产行为的实证分析

在以批发市场为桥梁的流通模式中，农产品的提供者大部分为农户，并且多为小农户，他们因种植面积小，且当地同类产品的整体生产规模小没有批发商愿意到地头收购，所以自己运到批发市场销售。这里的批发市场既是产地市场也是销地市场，在市场上有零售商等待进货。这种市场上也可能有批发商，批发商行为已在第六章第一节研究过，这里不重复分析。本节将主要通过实证模型分析农户安全农产品供给行为，揭示农户安全农产品供给的决策机制。

（一）农户行为分析的理论基础

在已有研究中对农户行为的解释具有代表性的理论一是以舒尔茨为代表的理性农户理论。他们认为农户是理性的，在决策时会考虑成本、各种风险和利润。尽管可以观察到一些看似非理性的行为，实际上并不是因为农户的非理性所致，而是由于资源或技术超出了小农的掌握范围或认识能力。二是以苏联的恰亚诺夫为代表的农户行为理论。在当时苏联的经济背景下，他认为小农户生产首先是满足家庭消费的需要，在家庭需要得到满足的条件下，规模较大的农场可能会去追求利润最大化。三是以黄宗智为代表的农户理论。黄宗智认为中国小农在商品经济发展过程中逐渐分化，随之他们的经营目标也出现了分化：经营性农场主的经营目标是追求利润最大化，中农的目标是满足家庭消费需要，半无产化了的小农的目标则是如何最有效地维持生计（黄宗智，2000）。四是以社会心理学者为代表。诸多社会心理学研究者认为，农户行为决策时除受经济因素外，还受到社会心理学因素的影响（Wise & Brannen，1983；McClymont，1984；Lynne & Rola，1988；Antle & Crissman，1990；Perkin & Rehman，1994；Illukpitiya & Gopalakrishnan，2004）。Bayard 和 Jolly（2007）的研究表明，农户心理变量对农户决策起着非常重要的作用。

本书认为，市场经济在我国实行了 30 余年，农民受市场经济洗礼已蜕变成真正的市场经济主体。农民是理性的经济人，进行家庭决策时追求家庭效用最大化。由于农户处于特定的制度环境中，其行为决策必然会受到各种制度因素的影响。依据社会心理学理论，农户的行为决策还会受到其认知水平的影响。下文将把这些因素纳入一个统一的框架分析农户安全农产品供给的行为决策。

（二）样本选择说明与样本的描述性统计

1. 样本选择说明

我们在东部、中部和西部各选择一个代表省份（山东省、河北省和四川省）为调研地。这三个地区农产品生产形式多样，既有家庭农场，也有合作社，还有以小农户家庭为单位的生产。为了保证样本的可比性，我们选择的都是蔬菜种植农户。三个地区蔬菜销售方式也有多种，既有大型批发商到地头的收购，也有农超对接，还有运到批发市场交易。在所有样本中我们筛选出到批发市场交易的农户为本节的研究对象，他们自己到批发市场出售农产品，和零售商直接交易。生产者和零售者处于完全对等的地位。在这个流通模式中没有起主导地位的流通主体。

2. 样本的描述性统计

根据已有文献和我们的调研实践，我们把样本的面上统计分为农户基本情况统计、影响农户决策的经济因素统计、影响农户决策的认知因素统计、政府服务和政府规制方面的统计，以及农户安全生产行为的统计。

（1）农户基本情况

在被调研的家庭种植决策人中，其中男性占 68.23%，女性占 31.77%。调研前我们曾推测，在家庭中男性去城里打工，女性可能是农业生产的决策者。但调研结果表明在家庭种植决策中仍是男性所占比例高于女性。

被调查对象中，年龄最小的为 21 岁，最大的为 78 岁。平均年龄为 48 岁，就调研的三个地区而言，河北和四川的菜农平均年龄要高于平均值，分别为 49.17 岁和 50.86 岁，主要原因是年轻人不愿种地，大多去城市打工。山东的菜农年龄较小，与当地的种菜传统有很大的关系。山东很多地区经过多年的发展，蔬菜产业发展成熟，各个产业链条衔接紧密，农户只要把菜种好就行，不用自己去找销路。且当地有辐射半径很长的寿光蔬菜批发市场，在一定程度上能熨平价格波动，农户种植蔬菜的价格风险小一些。一些年轻的农户家庭就选择了种植蔬菜，蔬菜收入能达到他们的预期。

受教育年限。被调研对象的平均受教育年限为 7.33 年，意味着大部分被调研者都能小学毕业，年龄小的农户还接受了 9 年义务教育，上完了初中。在所有样本中受教育年限为 0 的极少，这些样本中，受教育年限最长的是一个农学博士，承包了土地到农村种菜。

家庭人口数和从事蔬菜种植的劳动力人数。设计家庭人口指标是为了了解家庭规模和结构，设计从事蔬菜种植的劳动力人数是为了考察该样本家庭是以蔬菜种植业为主还是为辅。根据已有文献，涉及家庭的任何一项经济决策，家庭成员越重视进行决策时越慎重。我们的调研也验证了这一点。一个家庭中全部进行农业生产与把农业当成兼业的家庭相比，生产决策差异很大。统计结果表明家庭人口数的平均值为 4.1 人，从事蔬菜种植的为 2.23 人。此统计结果符合我国农村的实际情况。我国农村的大部分家庭结构是由一对老夫妇、一对年轻夫妇和一两个小孩构成。当小孩长大不需要老人照顾时，一个家庭分为两个家庭，即老夫妇家庭，年轻夫妇与孩子组成的家庭。当然有的是一个家庭分为三个小家庭。

种菜年限。设计此指标是为了考察决策者的经验对安全农产品生产决策的影响程度。该指标统计的平均值为 17.13，单独看这一指标，感觉此值偏大。再结合种菜者的平均年龄 48 岁来看，此值是合理的。种植蔬菜年限最长的为 60 年，我们重点询问了该样本的情况。该人 78 岁，从小开始种菜，此人所在地区改革开放前就有在地窖中种蒜黄的传统。此传统在当地一直保留，只是现在种菜的品种更加多样化。蔬菜种植年限最短的为 1 年，此人原来在城里打工，因为城市满意的工作难找，才回老家种菜。

耕地面积和蔬菜种植面积。设计这两个指标旨在考查农户家庭的蔬菜种植规模，以及是否有土地流转行为。统计结果表明，耕地面积的平均值为 4.57 亩，蔬菜平均种植面积为 3.7 亩。该数据表明大部分家庭拿出自己承包地的一部分种菜，我们还询问了原因：一是因为蔬菜种植属于劳动密集型行业，面积太大家庭人手不够。二是留一小块地种植大田作物供自己家里人食用。耕地面积的最大值为 24 亩，最小值为 0 亩，种植面积最大值为 50 亩，最小值为 0.1 亩。这组数据综合起来分析，在一定程度上表明，有些农户是租赁了别人家的土地来种植蔬菜。需要解释的是，在被调查样本中有小部分耕地面积为0亩，我们电话回访了原因，因为户主年龄较轻没赶上分地，他们所在区域的耕地从1981年、1982年后没再调整过，他们的种菜用地是流转而来。

家庭收入和蔬菜种植收入。设计两个指标一是因为被调研者对收入比较敏感，两个指标共同起到相互验证的目的。二是考察蔬菜收入在家庭收入中所占的比重。依据已有文献，蔬菜种植收入所占比重越大，对生产什么样的蔬菜（蔬菜品种、是大路菜还是大棚菜、蔬菜的质量安全水平）决策越重视。家庭收入的最高值和最低值差距很大，我们对样本进行了电话咨询，反馈结果表明：收入高的家庭中，劳动力正值壮年，除种菜外还当蔬菜经纪人，帮人代收，不产菜的季节到城市打工赚钱；家庭收入少的多为年龄较大的老人，种些菜，种些大田作物，用于维持基本生活。蔬菜种植收入的方差也很大，一是和种植面积有关，二是和种植的品种和价格有关。以蔬菜收入最少的样本为例，该农户种了0.1亩青椒，当年的青椒批发价为0.2—0.4元，加上下一季的大白菜收入，年收入共400元。

表6-1　　　　　　　　农户禀赋状况的基本统计描述

	最大值	最小值	均值	标准差
性别	1	0	0.59	0.49
年龄	78	21	48	9.6
受教育年限（年）	20	0	7.33	3.4
家庭人口数（人）	11	2	4.1	1.28
劳动力人数（人）	8	2	2.23	0.96
种菜年限（年）	60	1	17.13	13.33
耕地面积（亩）	24	0	4.57	3.02
蔬菜种植面积（亩）	50	0.1	3.7	4.5
家庭收入（元）	150000	2600	34391.11	20634.68
蔬菜种植收入（元）	120000	400	8782	12817.39

资料来源：笔者根据实际调查资料整理和计算。

（2）经济因素

基于农民是理性经济人的假设，其在农产品生产过程中追求利润最大化理所应当，基于此我们设置了经济类指标，以考察农户安全蔬菜生产决策时考虑的经济因素。

成本因素。我们设置了几个指标，考察成本对安全农产品供给的影响。"您认为生产质量安全的蔬菜会增加您的成本吗？"在该题的回答中，有66.14%的样本认为"会增加"，19.94%的样本认为"不会增加"，13.92%的样本认为"不知道"。在"安全蔬菜生产成本对您供给蔬菜有影响吗？"的题目中，15.19%的样本认为"影响很大"，42.09%认为"有影响"，12.97%认为"完全无影响"。我们还设置了农户购买农药时所关注内容的题目，11.82%的人关注农药的价格，80%的人关注药效，8.18%的人关注农药残留。通过对关注药效的人访谈发现，尽管一些农药的价格较高，但其效果好，可以在较长的一段时间内不用再用药而得到农户的青睐。大部分农户认为进口农药具有效果好且药效持续时间长的特点，他们认为进口药的性价比较高，虽然单价高但总体看来还是降低了农药的成本。

预期收入。在"您认为提高蔬菜质量安全水平有利于提高您的预期收入吗？"的问题中，8.23%的人回答"十分有利"，39.87%的人回答"有利"，36.08%的人回答"一般"，12.02%的人回答"基本无利"，3.8%的人回答"完全无利"。深度访谈得知，农户的预期缘于对目前市场的认识，由于大部分蔬菜的价格没能真正反映其内在质量安全水平，所以超过半数的被调查者认为产品的内在质量和价格无关，对收入也无影响。

价格因素。"您认为质量安全的蔬菜与不安全的蔬菜价格有区别吗？"57.28%的人回答"有区别"，34.18%的人回答"基本无区别"，8.54%的人回答"完全无区别"。访谈得知，回答"有区别"的人认为如果蔬菜质量不过关，若被查出就不能进入市场销售，不得不在市场外较偏僻的地方，以非常低的价格卖掉。回答"基本无区别"和"完全无区别"的人认为即使生产出的蔬菜质量安全水平再高也卖不到好价钱,所以价格没有区别。

市场销路。"您认为无公害蔬菜比普通蔬菜销路好吗?",44.30%的人回答"销路好",43.99%的人认为"基本无区别",11.71%的人回答"完全无区别"。这从侧面反映出,在农民看来不同质量水平的蔬菜在销路上没有十分明显的区别。

(3) 农户认知因素

已有研究表明农户的认识水平影响他们的行为决策,为此我们设置了一些指标测试在农产品安全生产领域是否适用。

在"您平时关注蔬菜质量安全吗?"的问题中,19.3%的调查对象回答"十分关注",45.25%的人回答"比较关注",23.73%的人回答"一般",10.13%的人回答"不太关注",1.59%的人"从不关注"。课题组成员还了解了样本农户如何关注质量安全问题,部分人是上专门的网站,有的人是关注新闻资讯,有几个受教育年限较长的人订了《中国食品安全报》。样本对质量安全的关注度和其生产行为是否存在因果关系,后文的模型将进一步检验。

在"您认为当前社会蔬菜质量安全问题严重吗?"的问题中,10.76%的调查对象回答"十分严重",39.24%的人"很严重",41.14%的人回答"一般",5.06%的人回答"不太严重",3.8%的人回答"不严重"。当问及部分样本为什么认为质量问题严重时,他们回答:蔬菜种植过程中用药频繁。回答"不严重"的人则认为虽然用药次数较多,但现在的农药低毒、低残留,蔬菜成熟时就没危害了。

在"您认为食用了用过化学农药的蔬菜对身体有影响吗?"的问题中,71.52%的调查对象回答"有影响",14.24%的人回答"基本无影响",5.69%的人回答"无影响",3.16的人回答"不知道",5.39%的人回答"视情况而定"。回答"有影响"的人认为农药能杀死虫子,肯定对人身体也有害。回答"无影响"和"基本无影响"的人认为售卖时农药已降解完。

对"您认为使用农药对环境有影响吗?"的问题,73.73%的调查对象回答"有影响",11.84%的人回答"基本无影响",5.73%的人回答"无影响",5.41%的人回答"不知道",3.29%的人回答"视情况而定"。当问及"您如何判断农药对环境有影响时",给出较多的答案是,现在的田里很多过去常见的昆虫都没有了。

(4)政府服务

为了解当地政府对农产品安全生产是否提供了服务,以及提供的服务对农户生产决策是否有影响,我们设置了如下题目。

对"近三年当地政府有没有提供与蔬菜安全生产相关的培训?"的问题,8.54%的人回答"很多",19.62%的人回答"有一些",17.72%的人回答"偶尔有过几次",25.63%的人回答"基本没有",28.49%的人回答"从来没有"。"当需要时,你能得到安全生产的指导吗?"7.01%的人回答"任何时候都能得到",15.92%的人回答"大多时候能得到",17.52%的人回答"一般能得到",27.71%的人回答"偶尔能得到",回答"不能得到"的人占31.84%。经深度访谈得知,政府提供的安全生产的培训和指导很少,大部分是由销售农资的公司组织。这些农资公司为了销售产品,主动让农户了解其产品,会到农村做宣传活动,有时会现场指导操作。另外,村里的农资销售部里的老板对农药和肥料的使用也非常熟悉,农户从他们那里可以咨询到如何使用。

在"当地有关部门是否进行过病虫害的预测预报?"的题目中,回答"很多"的样本占8.59%,回答"有一些"的样本占19.43%,17.20%的样本回答"偶尔有过几次",回答"基本没有"的样本占31.53%,回答"从来没有"的样本为23.25%。回答"很多"的样本分布于蔬菜生产比较集中的区域,且种植的是同一个蔬菜品种,如寿光地区基本上是一镇一品,这样蔬菜的病虫害发病时间比较一致,便于统一防治。而蔬菜种植分散的地区政府部门很少做病虫害的预报。

当问及"当地政府是否实行统一的病虫害防治?"时,23.25%

的人回答"偶尔有过几次"，27.71%的人回答"基本没有"，28.08%的人回答"从来没有"。回答"偶尔有过几次"的样本分布于蔬菜生产基地，政府有关部门拿出专项资金对整个蔬菜生产基地进行统一的病虫害防治。但这种情况很少，或许和当地政府经费不足有关。

（5）政府规制

政府规制题目分为两类，一是法律层面的规制，一是具体操作层面的规制。法律层面我们选择了两个对生产行为有具体要求的法律和规定：《中华人民共和国农产品质量安全法》和《食品安全国家标准 食品中农药最大残留限量 GB 2763—2016》。

对于"您听说过《中华人民共和国农产品质量安全法》吗?"的提问59.29%的人回答"听说过"，40.71%的人回答"没有"，这在一定程度上说明对法律的宣传不够，针对生产主体的法律，竟然有近一半的人不知晓内容，又如何起到规范其行为的作用? 在选择了"听说过"的人中，对"质量安全法对你的生产有影响吗?"问题，11.74%的人回答"影响很大"，24.29%的人回答"影响较大"，34.41%的人回答"一般"，14.98%的人回答"影响较小"，14.58%的人回答"没有影响"。进一步询问"影响很大"和"影响较大"的样本，他们知道违法的后果。而回答"影响较小"和"没有影响"的样本，他们只是听说过质量安全法，并不十分清楚具体内容，更不了解什么是违法行为和违法后果。

对于是否听说过《食品安全国家标准 食品中农药最大残留限量 GB 2763—2016》的问题，56.41%的人回答"听说过"，43.59%的人回答"没有"。对于选择了"听说过"的样本，请其继续回答该标准对自己生产的影响程度，选择"影响很大"的样本占9.54%，选择"影响较大"的占27.39%，选择"一般"的占32.37%，选择"影响较小"的占16.18%，选择"没有影响"的占14.52%。虽然一半以上的样本听说过农药残留限量标准，其中约40%的人认为对自己的生产有影响，但针对某种常用农药的使用的具体标准，他们则回答不上来。

在具体的规章制度中，对"蔬菜生产过程中政府有关部门到你家菜地中进行过几次检查?"的回答，选择"很多"的样本占5.16%，选择"有一些"的样本占11.29%，选择"偶尔有过几次"的样本占11.94%，选择"基本没有"的样本占28.06%，选择"从来没有"的样本占43.55%。由统计结果可以看出，田间检测空白很大，生产源头仍然是我国农产品质量安全管控的薄弱环节。在"市场检测机制对您的蔬菜生产有影响吗?"问题中，选择"影响很大"的样本占5.81%，选择"影响较大"的样本占21.94%，选择"一般"的样本占27.10%，选择"影响较小"的样本占27.09%，选择"没有影响"的样本占18.06%。选择"影响较小"和"没有影响"的样本反映，他们销售的产品没有被检测过，可能因为批发市场没有检测设备和人员，或是有检测部门但不检测。

（6）农户安全生产行为统计

在已有研究中对农户安全生产行为的度量多采用单维度指标，用得比较多的是农药指标。比如华红娟和常向阳（2011）的研究用"种植户施用农药的次数和最后一次喷洒农药到采摘的时间间隔"衡量葡萄种植户的质量安全行为。代云云和徐翔（2012）用"禁用农药的使用，农药施用剂量和安全间隔期"三个指标测度农户蔬菜质量安全控制行为。本书认为单维度指标不能全面反映安全农产品的质量安全水平，仅考虑到农药对质量安全的影响，忽视了影响质量安全的其他因素。考虑到引起农产品质量安全问题的原因有农药残留、重金属残留、激素的过量使用、化学保鲜剂的使用。我们设置了四类指标，分别为：农药使用情况、肥料使用情况、生产过程中避免病虫害措施的采用以及采摘后的保鲜情况。

农药使用行为。农药残留超标是引起农产品质量问题最主要的因素之一。进一步分析农残超标的原因，一是因为不按科学的标准配置农药，自行加大配置剂量，造成药水浓度大，在一定时期内难以降解完全。二是不严格执行休药期规定，喷药后很短的时间内就采摘蔬菜上市。三是大量使用化学农药，尤其是毒性较高，且难分解的化学农药。四是整个蔬菜生产过程中使用单一农药，致使菌虫产生抗药性，不得不加大农药用量。基于上述原因，我们设立四个子指标：按什么标准配置农药，是否执行农药休药期，用化学农药还是生物农药，使用单一农药还是交替使用农药。用这些指标衡量农户的农药使用行为，从而间接地衡量农户生产蔬菜的质量安全水平。

调研中发现，生产者在生产过程中采取一些措施可以有效降低病虫害的发病率，减少农药的使用量，从而提高蔬菜的质量安全水平。如实行轮作制，不仅能有效改善土壤的理化性状，调节土壤肥力，而且能有效防止病、虫、草害。再如，有的农户为了降低病虫害，引入抗虫品种，有的用杀虫灯、黄板诱杀等物理防虫技术，减少农药使用量。为此，我们设立了"是否实行轮作制，是否引进安全生产技术，是否通过物理措施防虫"三个指标来衡量生产过程中的蔬菜质量安全状况。

滥用激素、过量使用激素成为蔬菜和水果质量安全问题产生的一个新发原因。不用任何激素，自然生长的蔬菜无论品质还是口感都高于用激素催熟、催红和催大的蔬菜。为此，我们设立了激素使用指标，按激素使用品种，使用的品种越多，蔬菜的质量安全水平越低。

蔬菜质量安全产生的环节除了生产过程外，就是保鲜环节。因为大部分蔬菜，尤其是叶菜易腐易烂，因此很多生产者采摘后，销售前进行保鲜。保鲜有多种方法，其中引起质量安全问题的主要是用化学品保鲜。现实中就出现过用甲醛给大白菜保鲜，用六六粉给生姜保鲜的实例。基于此，我们设置了"是否用化学品进行保鲜"的题目，以反映蔬菜的质量安全状况。

笔者咨询了农学和植保的专家，给每个指标下的选项设置不同的分值，分值从0—9分不等，分值越高，代表蔬菜的质量安全水平

越高。农户安全蔬菜生产行为测量的具体指标，及其具体说明如表
6－2所示。理论上，得分的分布范围在0—110分，得分越高表明
农户供给的蔬菜质量安全水平越高。

表6－2　　　　　　　农户安全蔬菜生产行为测量指标

项目	指标设置	说明
农药使用行为	1. 您按什么标准配置农药	每个问题有2到5个选项，每个选项赋予不同的分值，分值越高表明质量安全行为越高。
	2. 是否执行农药的休药期	
	3. 用化学农药还是生物农药	
	4. 使用单一农药还是交替使用农药	
肥料使用行为	1. 如何确定氮肥的使用量	每个问题有3个选项，每个选项赋予不同的分值，分值越高表明质量安全行为越高。
	2. 经常使用蔬菜复合肥吗	
	3. 经常使用粪肥吗	
	4. 粪肥使用前是否进行无害化处理	
生产过程中的一些措施	1. 是否实行轮作制	每个问题有3到4个选项，每个选项赋予不同的分值，分值越高表明质量安全行为越高。
	2. 是否引进安全生产技术	
激素使用情况	是否使用促进果实成熟、促进茎叶生长、提高蛋白质含量、形成无籽果实等功能的植物调节剂	按激素使用过的种类设置的4个选项，每个选项赋予不同的分值，分值越高表明质量安全行为越高。
保鲜情况	采摘后是否用化学品保鲜	按使用的频次设置的3个选项，每个选项赋予不同的分值，分值越高表明质量安全行为越高。

（三）农户安全生产行为与各因素的相关性分析

根据已有文献和我们的访谈体会，我们把可能影响农户安全生产行为的因素都设置在了问卷中，并对其进行了描述性统计。在统计意义上农户生产行为与各因素是否相关有待进一步验证。如果相关关系不成立，我们将根据调研中了解的实际情况给予说明，该因素将不再纳入模型进行因果关系的分析。

我们用 SPSS18.0 对农户基本情况、农户认知情况、经济因素、政府服务因素、政府规制因素分别与农户安全供给行为进行了相关分析。分析结果如下:

1. 农户基本情况与农户安全蔬菜供给行为的相关分析

农户基本情况包括户主情况和农户家庭的情况。通过分析发现,户主年龄与安全蔬菜生产没有相关关系,根据调研情况,我们给出的解释,一是目前我国从事蔬菜种植者的年龄都较大,大部分在45岁以上,这使得样本分布比较集中,与安全生产行为的相关性在统计学上表现得不明显。二是户主年龄大小和他的蔬菜生产决策没有直接关系。家庭人口数和劳动力人数与农户的安全生产行为也没有相关性,因为虽然蔬菜种植是劳动密集型产业,但由于劳动力市场的发达,随时可以到市场上雇用劳动力,弥补家庭劳动力的不足。户主的受教育年限与安全蔬菜行为存在正相关关系,这说明户主的受教育程度越高,生产的蔬菜可能越安全。至于二者是否存在因果相关,在下面的模型中将进一步验证。种菜年限与安全蔬菜生产行为负相关,即从事种菜的时间越长,可能生产出的蔬菜质量安全水平越低。蔬菜种植面积可能等于耕地面积,也可能小于或大于耕地面积。农户可能把所有的耕地用于蔬菜种植,也可能把其中的一部分用于蔬菜种植,还可能通过流转更多的土地种植蔬菜。相关分析显示,耕地面积与蔬菜的质量安全水平正相关,蔬菜种植面积与蔬菜的质量安全水平没有直接的相关关系。家庭收入和蔬菜种植收入都与蔬菜的质量安全水平存在正相关关系。至于它们与蔬菜的安全生产是否存在因果关系有待进一步验证。

表 6-3   农户变量与农户安全蔬菜供给行为相关性分析

农户基本情况	Pearson 相关系数	显著性（双侧）	样本数（份）
年龄	-0.072	0.199	316
受教育年限	0.114**	0.043	316
家庭人口数	-0.095	0.090	316

续表

农户基本情况	Pearson 相关系数	显著性（双侧）	样本数（份）
劳动力人数	−0.084	0.134	316
种菜年限	−0.121**	0.032	316
耕地面积	0.195***	0.000	316
蔬菜种植面积	0.095	0.093	316
家庭收入	0.132**	0.019	316
蔬菜种植收入	0.219***	0.000	316

注：** 表示在5%水平（双侧）上显著；*** 表示在1%水平（双侧）上显著；

资料来源：笔者根据实际调查资料整理和计算。

2. 农户认知因素与农户安全蔬菜供给行为的相关分析

被调查样本认知的蔬菜质量问题严重程度与农户安全生产的决策不相关表明，大部分农户的生产决策是基于自己的理性考虑，不会因为社会上的质量安全问题严重自己就生产安全农产品。统计结果表明，农药对环境的影响与农户生产行为表现出不相关，通过我们的访谈得知，很多农户对这个问题没有正确的认识，他们认为农药和环境没有必然联系，由此可见，政府应在这方面加大宣传力度，增强农户认知。在农户认知因素中，农户对质量安全问题的关注程度，以及食用残留化学农药的蔬菜对身体影响与农户安全蔬菜供给行为相关性显著，至于是否存在因果关系，需进一步验证。

表6-4　农户认知因素与农户安全蔬菜供给行为相关性分析

农户认知因素	Pearson 相关系数	显著性（双侧）	样本数（份）
质量安全关注程度	0.408***	0.000	316
质量安全严重程度	0.082	0.150	316
药残对身体的影响	0.174***	0.002	316
农药对环境的影响	0.105	0.064	316

注：*** 表示在1%水平（双侧）上显著。

资料来源：笔者根据实际调查资料整理和计算。

3. 经济因素与农户安全蔬菜供给行为的相关分析

在四个经济因素中，成本与农户安全蔬菜供给行为不相关，这个结果出乎我们的意料，因为基层调研发现，安全农产品的生产成本要高于常规农产品。因为生物农药价格要高于化学农药，有机肥成本要高于无机肥，人工除草的费用要高于除草剂。经过与农户的深度访谈得知，如果质量水平高的农产品能带来更多的销售收入，农民是不吝惜成本的。成本与农户安全蔬菜生产行为不相关是因为农户没有为提高产品的质量安全水平而增加成本投入。预期收入、价格和销路与农户安全生产行为正相关表明，安全农产品的预期收入越高，价格越高，销路越好，农户可能越愿意提高农产品的质量安全水平。

表6-5　　　　经济变量与农户安全蔬菜供给行为相关性分析

经济因素	Pearson 相关系数	显著性（双侧）	样本数（份）
成本	0.094	0.096	316
预期收入	0.303***	0.000	316
价格	0.294***	0.000	316
销路	0.213***	0.000	316

注：*** 表示在1%水平（双侧）上显著。

资料来源：笔者根据实际调查资料整理和计算。

4. 政府服务因素与农户安全蔬菜供给行为的相关分析

政府服务的四个项目在1%的显著性水平上与农户安全生产行为的相关性均显著，如表6-6所示。但是否存在因果相关有待回归模型的进一步检验。

表6-6　　　　政府服务与农户安全蔬菜供给行为相关性分析

政府服务因素	Pearson 相关系数	显著性（双侧）	样本数（份）
政府培训	0.387***	0.000	316
政府指导	0.427***	0.000	316
病虫害预报	0.316***	0.000	316
病虫害防治	0.379***	0.000	316

注：*** 表示在1%水平（双侧）上显著。

资料来源：笔者根据实际调查资料整理和计算。

5. 政府规制因素与农户安全蔬菜供给行为的相关分析

在问卷中，政府规制方面设置了两个法律法规层面的因素、两个具体操作层面的因素。经过分析，在1%的显著性水平上均与安全生产行为有相关关系（见表6-7），至于是否有因果关系，有待进一步的模型检验。

表6-7　　　政府规制与农户安全蔬菜供给行为相关性分析

政府规制因素	Pearson 相关系数	显著性（双侧）	样本数（份）
《农产品质量安全法》的影响	0.378***	0.000	249
《农药残留限量标准》的影响	0.420***	0.000	193
田间检查	0.342***	0.000	316
市场检测	0.333***	0.000	316

注：*** 表示在1%水平（双侧）上显著；249 为听说过《农产品质量安全法》的样本人数，193 为听说过"农药残留限量标准"的样本数。

资料来源：笔者根据实际调查资料整理和计算。

（四）研究假设的提出

已有文献和调研信息表明，农户安全农产品生产行为可能受到户主个人特征、生产特征、资源拥有情况、认知因素、经济因素、制度因素（包括激励机制与约束机制）等一系列因素的影响。为了评估各因素的影响方向和影响程度，笔者以经典文献为依据，结合我们的实地调研情况，提出如下假设：

H1：决策人性别对农户安全农产品供给行为有影响

在以往的研究中户主性别多为男性，随着市场经济的发展，城市的就业渠道越来越多，很多男性到城市务工，在农村从事农业生产的更多是女性。研究性别对农户安全生产行为的影响就非常具有现实意义。一般而言，男性胆子更大，更具冒险精神，女性相对保守，女性倾向于选择低风险的农业生产行为。基于此，我们假定性别对安全农产品生产行为有影响，男性比女性生产的农产品是质量更高，还是质量更差有待检验。

H2：受教育年限对农户安全农产品供给行为有正向或负向影响

受教育年限决定了决策者的知识储备、学习能力以及对新事物的接受能力。调研发现，决策者的受教育年限越长，成本和收益算计的越精确，决策越慎重。受教育年限越长，接受新事物的能力越强，比如越愿意引进安全生产技术。调研还发现，文化程度越高的农民决策越理性，生产过程中会想方设法采取各种措施降低成本，增加产量，提高产品的外观品质。他们越有可能使用除草剂、植物生长调节剂，在提高产量的同时，却降低了产品的质量安全水平。基于以上两方面的分析，受教育年限对农户安全生产行为的影响方向不确定。

H3：种菜年限对农户安全农产品供给行为有负影响

种菜年限越长的农户越倾向于用传统的生产方式进行生产，比如用化肥增加农产品的产量，用化学农药进行杀虫。而新进入该行业的农民则比较善于引进新技术，如物理防虫技术、生物农药技术。因此，我们假定种菜年限对农户安全生产行为有负影响。

H4：耕地面积对农户安全农产品供给行为有正向影响

耕地面积的多少代表着一个从事农业生产家庭的资源禀赋，耕地面积越多，用于蔬菜种植的面积可能会越大，投入越多，决策会越谨慎。一般不敢贸然决定生产劣质菜而面临承担巨大经济损失的风险，故我们假定耕地面积对农户生产蔬菜的质量安全水平有正向影响。

H5：家庭收入对农户安全农产品供给行为有正向影响

我们假定家庭收入对蔬菜质量安全水平的正影响基于两方面的考虑：一是如果农户家庭的大部分收入来自蔬菜种植，为保证收入的稳定性和可持续性，农户有不断提高蔬菜质量安全水平的动力；二是如果家庭收入的极少部分来自蔬菜种植，农户种菜的主要目的是为满足自家食用，只有多余的部分才去售卖。对于自家食用的蔬菜当然不会为了提高产量、提高外观品质而牺牲产品的内在质量。

H6：蔬菜种植收入对农户安全农产品供给行为可能是正（负）

影响

来自蔬菜的收入越多，菜农对蔬菜生产决策就越谨慎。品种选择、投入品使用选择、上市时间、销售渠道的选择等一系列决策在农户的能力范围内可以做到最优。一般情况下农户不会冒险降低蔬菜质量安全水平，他们会关注如何提高产量，从而增加收入。当然在提高产量的过程中，有可能会采取降低质量安全水平的举措。因此，蔬菜种植收入的影响方向难以确定，尚需实证检验。

H7：预期收益对农户安全农产品供给行为有正影响

安全农产品的预期收益越高，农户越有动力供给安全农产品，生产过程中会进行质量控制，因此假定预期收益对安全农产品生产有着正向影响。

H8：质量安全蔬菜的价格与普通蔬菜的价格差别程度对农户安全农产品供给行为有正影响

如果农户认为质量安全的蔬菜比常规蔬菜可以卖更高的价格，就会越愿意供给安全蔬菜。如果认为二者无差别，则不愿意供给安全蔬菜。此假定符合常理，是否成立有待进一步验证。

H9：质量安全蔬菜的销路对农户安全农产品供给行为有正影响

农户认为无公害蔬菜比普通蔬菜的销路越好，则农户越愿意供给安全蔬菜；如果销路上完全无区别，农户将生产常规蔬菜。因此提出待检验的假设9。

H10：农户蔬菜质量安全的关注程度对农户安全农产品供给行为有正影响

根据调研，农户平时对蔬菜质量安全问题的关注度越高，越注重自己生产的蔬菜质量，这种关注可能作用于其日常生产行为，因此我们提出待检验的假设 H7。

H11：农户认为的农药残留对身体影响程度对其安全农产品供给行为有正影响

农户认为化学农药对身体的危害越大，生产过程中使用化学农药会越少，生产出的蔬菜的质量安全水平越高，因此我们假定农户认知的农药残留程度对身体的影响与安全生产行为之间存在正影响。

H12：政府培训对农户安全农产品供给行为有正向影响

政府对农户进行安全生产培训的次数越多，农户掌握的安全生产技能就越多，他生产的蔬菜质量就越安全。因此假定政府培训对安全农产品供给有正向影响。

H13：安全生产指导对农户安全农产品供给行为有正向影响

该假设提出，农户得到安全生产指导的次数越多，生产出的蔬菜质量安全水平会越高。这些指导可能是来自政府部门的，可能是来自公司或企业的，也可能是民间如协会的指导。

H14：病虫害预报对农户安全农产品供给行为有正影响。

有关部门对病虫害预报水平越高，农户越有应对时间和应对方法，越有利于提高蔬菜的质量安全水平。

H15：病虫害防治对农户安全农产品供给行为有正影响

根据我们观察到的事实，在蔬菜生产基地政府实行统一的病虫害防治的次数越多、越有利于提高蔬菜的质量安全水平，因此提出此假设。

H16：质量安全法对农户安全农产品供给行为有正影响

农户对《中华人民共和国农产品质量安全法》知晓，并且了解其内容和违法后果，生产过程中越注意控制产品质量，生产的蔬菜质量安全水平越高。

H17：农药残留标准对农户安全农产品供给行为的影响是正向的

农户对《食品安全国家标准 食品中农药最大残留限量 GB 2763—2016》越清楚，在配制农药时会严格按说明书操作，施用农药时会越谨慎，休药期执行得会越好，生产出的蔬菜质量安全水平越高。

H18：田间检查对农户安全农产品供给行为有正向影响

蔬菜生产过程中政府有关部门到田间检查的次数越多，农户就不敢滥用农药、激素，生产的蔬菜安全水平也会越高。因此，假定田间检查对农户安全农产品供给行为的影响是正向的。

H19：市场检测对农户安全农产品供给行为有正向影响

蔬菜进入市场时市场检测制度越严格，农户供给不安全蔬菜被发现的概率越大，生产的蔬菜越安全。如果市场没有检测制度，农户会无视农产品质量。因此我们假定市场检测对农户安全农产品供给行为是正向影响。

（五）农户安全农产品供给行为的回归分析

1. 模型选择与解释变量的操作性定义

根据前文的相关分析和理论假定，建立如下回归模型，变量说明见表 6 - 8。

$$Y_i = \beta_0 + \beta_1 sex + \beta_2 education + \beta_3 year + \beta_4 area + \beta_5 income +$$
$$\beta_6 Vincome + \beta_7 profit + \beta_8 price + \beta_9 sale + \beta_{10} attention + \beta_{11} body +$$
$$\beta_{12} train + \beta_{13} guide + \beta_{14} predict + \beta_{15} prevent + \beta_{16} law + \beta_{17} pest +$$
$$\beta_{18} check + \beta_{19} test + \varepsilon_i$$

表 6 - 8　　　　　　　　解释变量的操作性定义

变量名称	变量代码	变量定义及说明
性别	sex	男性 = 1，女性 = 0
受教育年限	education	上过几年学
种菜年限	year	种菜时间长短
耕地面积	area	蔬菜种植面积
家庭收入	income	调研前一年家庭所有收入
蔬菜种植收入	Vincome	调研前一年的蔬菜收入
预期收益	profit	被调查人员的预期收益
价格	price	安全蔬菜与常规蔬菜价格差别
销路	sale	通过无公害蔬菜和普通蔬菜的销路进行测度
对质量安全的关注程度	attention	从"从不关注"到"十分关注"分5个等级测度
农药对身体的影响	body	以5点量表测量农户主观感知的影响程度
政府培训	train	从来没有 = 1，基本没有 = 2，偶尔有 = 3，有一些 = 4，很多 = 5

续表

变量名称	变量代码	变量定义及说明
安全生产指导	guide	不能得到 = 1，偶尔能得到 = 2，一般能得到 = 3，大多时候能得到 = 4，很多 = 5
病虫害预报	predict	病虫害预报次数，从"从来没有"到"很多"，分5级测度
病虫害防治	prevent	病虫害防治次数，从"从来没有"到"很多"，分5级测度
农产品质量安全法对生产的影响	law	从"没有影响"到"影响很大"，分5级测度
农药残留标准对农户生产的影响	pest	《农药残留限量标准》对农户生产的影响，用5点量表测度
田间检查	check	政府相关部门到产地检查的次数，分5个等级测度
市场检测	test	进入市场时的检测制度对农户的主观影响程度，用5点量表测度

2. 估计过程与结果分析

（1）估计过程

直接用普通最小二乘法对模型进行了估计，估计结果如表6 - 9所示。由模型结果可以看出，模型的拟合优度较低（调整后的 R^2 为 0.408），我们分析有可能是因为模型存在多重共线性或异方差所致。我们利用 SPSS 进行了方差膨胀因子的计算，VIF 小于 3，表明模型不存在严重的多重共线性。我们进行了怀特异方差检验，在 0.05 的显著性水平上模型存在异方差，故采用加权最小二乘法（WLS）对模型进行估计，权重取"残差绝对值的倒数"，估计结果见表6 - 10。

表6 - 9　　　农户安全蔬菜供给行为决策的 OLS 估计结果

解释变量	系数	t 值	显著性概率
截距项	104.564 ***	24.532	0.000
性别	- 2.902 *	- 1.831	0.069

续表

解释变量	系数	t 值	显著性概率
受教育年限	-0.308	-1.241	0.216
蔬菜种植年限	-0.008	-0.133	0.894
耕地	0.691**	2.353	0.019
家庭收入	0.000	1.358	0.176
蔬菜种植收入	0.001	1.447	0.149
预期收益	1.895*	1.888	0.061
价格	1.483	0.999	0.319
销路	0.527	0.361	0.718
质量的重视程度	2.338**	2.216	0.028
农药对身体影响	2.073**	2.271	0.024
培训	0.525	0.576	0.565
指导	2.826***	2.878	0.004
预报	0.794	0.912	0.363
防治	0.277	0.281	0.779
法律影响	1.964**	2.103	0.037
残留影响	0.887	0.902	0.368
田间检查	1.544*	1.676	0.095
市场检测	1.067	1.263	0.208
R^2	0.459		
调整的 R^2	0.408		0.0000
F 值	9.029		0.0000

注：* 表示在10%水平（双侧）上显著；** 表示在5%水平（双侧）上显著；*** 表示在1%水平（双侧）上显著。

表6-10　农户安全蔬菜供给行为决策的 WLS 估计结果

解释变量	系数	t 值	显著性概率
截距项	104.6989***	86.793	0.000
性别	-2.6452***	-7.575	0.000
受教育年限	-0.461***	-6.304	0.000

续表

解释变量	系数	t 值	显著性概率
蔬菜种植年限	0.002	0.110	0.913
耕地	0.668 ***	9.553	0.000
家庭收入	0.001 ***	5.656	0.000
蔬菜种植收入	0.001 ***	3.934	0.001
预期收益	1.675 ***	7.551	0.000
价格	1.661 ***	2.849	0.005
销路	0.348	1.088	0.278
质量的重视程度	2.516 ***	8.840	0.000
对身体的影响	1.479 ***	4.115	0.000
培训	0.639 ***	2.351	0.000
指导	3.178 ***	9.384	0.000
预报	0.899 ***	3.971	0.001
防治	0.129	0.351	0.726
法律影响	2.106 ***	8.298	0.000
残留影响	0.719 ***	2.353	0.000
田间检查	1.585 ***	5.562	0.000
市场检测	0.981 ***	4.317	0.000
R^2	0.973 ***		0.000
调整的 R^2	0.971 ***		0.000
F 值	385.533 ***		0.000

注:*** 表示在 1% 水平（双侧）上显著。

（2）模型的整体评价

由表 6-10 模型结果可以看出，模型的拟合优度较高（调整后的 R^2 为 0.971），表明模型可以比较良好地拟合样本数据。F 统计量的值为 385.533，在 0.01 的水平上显著，表明模型总体线性关系成立。

（3）模型的参数检验及解释

回归结果表明户主性别对农户安全生产行为有显著的负向影响，

即相比女性户主而言，男性户主安全农产品生产行为得分更少。我们给出的解释是女性更保守，一般按说明书规定使用化肥和农药，而男性在化肥和农药施药上大多超过说明书规定。

户主的受教育年限对农户安全生产行为有显著的负影响，表明户主受教育程度越高，供给的蔬菜质量水平越低。我们观察到的事实是，文化水平越高的人接受新事物的能力越强，如最先使用植物调节剂。文化程度越高的农户市场意识越强，越能想尽办法增大利润，其中包括滥用农药和激素。

蔬菜种植年限对农户安全生产行为影响不显著。户主的蔬菜种植年限代表着其经验的丰富与否，在当今社会，蔬菜种植已经不需要户主丰富的经验，一是因为蔬菜种植技术门槛不是特别高，一般人都能从事；二是即使遇到技术问题，也很容易找到解决的渠道，如农资销售者，或通过媒体联系专业人士。基于以上分析，蔬菜种植年限对蔬菜的质量安全水平没有直接影响。

耕地面积在1%的显著性水平上通过了参数的显著性检验，且参数符号为正。这表明，耕地面积的大小对农户安全生产行为有一定影响，耕地面积越大，农户对蔬菜的质量控制就越严格。我们的解释是，耕地面积越大，农业收入越高，农业生产决策越谨慎，一般不会把全部耕地资源冒险生产不安全农产品，一旦遭受经济损失，对一个农户家庭而言将是不可承受的，因此农户耕地面积越大，越倾向于供给安全蔬菜。

家庭收入对农户安全生产行为影响显著，一方面可能是因为蔬菜收入占家庭收入的比重大，蔬菜的生产决策注重长远利益，不会因一时利益而生产低质量的蔬菜。另一方面可能是家庭的高收入依赖于非农渠道，蔬菜主要是为了满足自家食用，所以生产的蔬菜质量安全水平高。

蔬菜种植收入对农户安全生产行为影响显著，说明蔬菜收入越高的家庭，越注重生产过程中的规范操作，农药的喷洒、肥料的使用、蔬菜保鲜都较规范。经访谈得知，蔬菜种植收入高的家庭会派家中年轻的劳动力去学习蔬菜种植新技术，其中包括安全生产技术。

模型计算结果显示，在 1% 的显著性水平上，安全蔬菜的预期收益通过了参数的显著性检验。这表明，农户对安全蔬菜的预期收益越高，农户对蔬菜的质量控制越严格，农户的安全行为得分越高。该结论为改变农户对安全蔬菜的收益预期，从而扩大安全蔬菜供给，提供了有效的实证支持。

农户认为质量安全蔬菜和不安全蔬菜的价格差别越大，则越愿意生产质量安全水平高的蔬菜。这一点很好解释，如果不同质量水平的蔬菜间价格没有差别，农户生产什么就不再考虑销售价格，更多是考虑如何降低成本，扩大利润。如果二者价格有差别，农户决策时会在价格、成本以及被发现的风险间综合考虑，做出最有助于自己利润最大化的决策。

销路对蔬菜的质量安全水平没有明显影响。我们调研的事实是农民即使生产出高质量水平的蔬菜也没有好的销路，他们都是到批发市场去售卖，零售商只关心外观质量，因此对于一般农户而言，产品质量好坏和产品的销路没有直接关系。

农户对蔬菜质量安全的关注程度对农户安全生产行为存在正影响，即对质量安全问题的关注度越高，生产出的蔬菜质量安全水平越高。比如，有的被调研者经常在网上观看质量曝光事件，更了解质量问题产生的环节和原因，所以在生产过程中有意避免。

农户认为食用残留化学农药的蔬菜对身体的影响越大，其生产行为越安全，生产的蔬菜的质量安全水平越高。农户对农药危害的认识程度影响其行为决策，比如是否用高毒农药，是否用难降解农药。

政府提供的质量安全培训次数越多，越有利于农户安全生产行为的提高。该实证结果符合我们调研的实际情况。农户接受的培训越多，其对质量安全问题的认识越深刻，其专业技能越强，其生产过程中操作可能越规范，生产出的产品质量安全水平越高。

模型结果表明田间指导有助于农户安全生产行为。实践中的田间指导更多的是来自农资公司的推销员,他们为推销产品进行现场指导。来自政府的指导很少。无论哪种指导都在一定程度上提高了农户生产农产品的质量安全水平。

政府进行病虫害预测预报有助于农户安全生产行为。调研的实际情况是,在蔬菜种植规模比较大的地区,一些地方政府有病虫害预报,提醒生产者做好准备。这种做法有助于农户提前准备好应对措施,而不是病虫害来临时不知所措,延误防治时间。

病虫害的统一防治有助于提高农户安全生产行为。在一个季节种植一种蔬菜的地方,农资公司或农业局的某个部门给农户发放某一种农药,在同一个时间段喷施,用于病虫害的统一防治。统一防治相比单家单户的防治效果要好得多,因此有助于提高蔬菜的质量安全水平。

《农产品质量安全法》和《食品安全国家标准 食品中农药最大残留限量 GB 2763—2016》对农户安全蔬菜供给都有显著影响。农户对它们越了解,越知道违法的后果,生产过程越注意自己的行为,不触碰法律底线,在最低要求以上进行生产。

田间检查有助于提高农户安全生产行为。虽然政府部门到田间检查要耗费时间和人力,但对农户生产能起到警示作用。据四川农户反映,政府有关人员拿着快速检测仪到田地里对快成熟的蔬菜进行检测,自己心惊胆战,唯恐蔬菜查出问题被销毁。

蔬菜进入市场时的检测可以提高农户安全生产行为。如果市场检测制度普遍,低质量的蔬菜将不能进入市场,没有销路,农户不得不提高农产品质量。如果市场没有抽检制度,农户生产过程中将不考虑质量控制。李太平和祝文峰(2017)也发现,政府在蔬菜采收环节对农药残留抽检次数越多,越有助于农户提升蔬菜质量安全水平。

二 零售商安全农产品供给的意愿与阻力分析

(一)调研情况说明

调研地区分别选了省会城市、地级市、县级市和农村。在四个等级地区中再随机调研农贸市场生鲜农产品经销的摊贩、蔬菜零售店、水果摊的老板。通过对各类零售商的访谈，了解零售环节主体所关注的主要问题、对质量安全的重视程度、消费者购买蔬菜时所在意的问题，旨在挖掘零售商安全农产品供给的阻力和动力。

（二）零售商安全农产品供给的意愿分析

通过调研，零售商安全农产品的销售意愿并不强烈，他们在进货时把产品的质量水平放到了最后，或基本上不予考虑。零售商在批发商品时首先在意的是蔬菜的价格，价格过高的蔬菜他们担心消费者接受困难。其次关注蔬菜的外观质量。外观质量好即使价格稍高于同类蔬菜，他们也愿意销售。但要品质与价格相匹配，如果品质很好，但价格高昂，大部分零售商也会犹豫。只有在大城市做精品水果的老板会选择高品质和高价格的水果。这些水果店面一般位于高档社区，针对高收入顾客。零售商进货时还会关心产地，尤其是水果，因为产地不同口感差异会比较明显。

当问到质量安全水平时，零售商的回答有以下几类：一是产品的质量状况都差不多，没区别；二是现在国家不让用高毒农药，即使农残超标也毒不死人；三是自己没办法知道质量安全水平如何；四是即使自己想经销质量安全水平高的，自己也没办法鉴别，只能靠产品的质量认证标识。有标识的水果和蔬菜价格会高出普通产品很多。从零售商的回答可以看出，大部分零售商对产品的质量安全水平不是特别重视，不愿主动经销高质量的产品。

（三）零售商安全农产品供给的阻力分析

零售商为什么不重视产品质量？为什么不愿经销高质量水平的农产品？根据我们的访谈可总结为下述三个方面。

1. 价格高、需求量少是零售商销售安全农产品最大的阻力

零售商要持续经营，每天要保证一定的蔬果销售量。而质量安全水平高的农产品进货价格要高于常规农产品，其零售价自然也要高。价格高，一般收入水平的顾客就转向购买价格低的产品，顾客对高价格商品的需求量就少。零售商不能维持基本的经营，就逐渐

退出安全农产品供给的市场。下面以我们调研过程中的一个访谈案例给予证明，某城市的一个大型蔬菜零售市场有一位卖绿色蔬菜的陈姓商贩，他所售卖的蔬菜从离市场40公里的农场运过来。该农场按绿色标准生产蔬菜。与其他蔬菜比较，陈姓商贩所销售的蔬菜品相不好看，但口感好，质量安全水平高，价格比市场上其他蔬菜高出约一倍。陈姓商贩为了使顾客相信蔬菜的品质，西红柿、黄瓜一类的蔬菜由顾客先品尝再购买，即使这样，他的蔬菜因为价格高也不好卖。这个商贩反映，本来认为一个省会城市，居民买菜的钱是不缺的，高质量的菜价格高出一倍应该不成问题；但顾客需求量太小，不能维持经营，他在市场上卖了三个月后不得不退出市场。由此可见，对于零售商来说，价格高需求量少是安全农产品供给的最大阻力。

2. 批发市场没有产品分级，零售商缺乏选择制约着其供给安全农产品

访谈同一个城市的多家零售商发现，他们基本上从同一个批发市场上进货，批发市场若没有按质量安全水平分级，他们经销的产品就没有质量的选择。有的零售商想错开竞争，做高端市场，可无奈批发市场没有货源，不得不到产地找货，这样就增加了自己的寻货成本、谈判成本和运输成本。在我们调研的市场中，有一个按质量安全水平分级的大型批发市场，零售商根据自己的经营定位，根据自己面对的消费者群体，到市场上选择不同质量等级的产品。但是，我国绝大部分地区的农产品批发市场并没按质量安全水平对产品分级，零售商没有选择。这在一定程度上影响其安全农产品供给决策。

3. 相关部门监管是零售商供给安全农产品的推动因素

在调研的河北、山东、四川和浙江的蔬菜零售市场上，大部分市场没有专门的质量检测部门，少部分市场有检测部门也是采取抽检的形式。对于零售商来说，售卖什么蔬菜完全取决于自己的意愿，所以他在进货时考虑的是"是否好卖"和"是否赚钱"，不会

问批发商产品来自哪里？是否安全？而那些有抽检制度的零售市场的商贩会考虑进货渠道，他们会选择到有市场检测的批发市场进货，一是放心自己所售卖的产品，二是出现问题自己不用完全承担责任。

三　以批发市场为桥梁的流通模式安全农产品供给的动力机制分析

本部分内容首先通过农户安全生产的实证分析结果提炼农户安全农产品供给的动力，然后通过对零售商的访谈结果提炼零售商安全农产品供给的动力，最后分析如何通过批发市场使该流通模式按安全农产品流通的动力机制运行，完成安全农产品流通。

（一）农户安全农产品生产的动力来源

通过前面的实证分析结果，以及我们对一些蔬菜种植农户的深度访谈，总结出农户安全农产品生产的动力来自四个方面：安全农产品带来的收益，农户对质量安全问题的认识，安全供给的各项服务，政府的规制力度。

1. 增加最终收益是农户安全农产品生产的最直接动力

前面的实证结果表明，不同质量水平农产品的价格差异和预期收益对农户安全农产品生产影响显著。这在一定程度上表明，在市场经济环境中，农户生产经营最终目的是追求利润最大化。如果生产安全农产品不能增加农户的最终收益，甚至还减小其利润，生产者就没有供给安全农产品的动力。增加农户收益的途径一是让市场去实现，即完善的市场机制使不同质量农产品的价格有区别；二是政府以补贴的形式支持。如对安全生产技术的引用和推广进行补贴，间接减低安全农产品的生产成本，增加农户的最终受益。

2. 增强农户对质量安全的认知有利于提高农产品的质量安全水平

前面的实证结果表明，农户对质量安全问题的认识、对农药危害的了解都有助于其提高产品质量。认知影响行为，今后的工作中应加大对生产者普及安全农产品生产有关知识的力度，加深生产者对质量安全问题的认识程度，使农民清楚超标农产品对身体的直接危害和潜在危害。让农民意识到过量施用化肥和农药对环境的危害。在进行违规操作时，意识到问题的严重性，至少不犯无知引起的错误。

3. 做好安全生产的各项服务有利于促进农户安全农产品生产行为

农户安全农产品生产决策模型实证结果表明，政府提供的各项服务有助于提高产品的质量安全水平。调研时发现，由于农户没有经历过安全农产品生产系统的培训和学习，大多数农户尤其是中老年农户根据多年形成的习惯施肥、用药。他们对国家有关农业投入品使用规定及符合质量标准要求的生产操作规范并不十分清楚。部分农户认为施肥越多，产量越高，用药越多，效果越好，甚至还出现了一年比一年用得多的现象。没有意识到化肥和农药对土壤和人体健康造成的潜在危险。部分农户认为现在很多农药低毒，对身体没有危害，部分农户认为蔬菜在施用杀虫剂后只要经过水洗，就可以直接食用。政府应提供与质量相关的各项服务：开展质量安全讲座，培训专业技能，聘请专家进行现场操作示范，建设专门网站，解决农户生产过程中遇到的问题。

4. 强化政府规制可以有效约束农户不安全生产行为

无论是法律层面的规制还是具体操作层面的规制都对农户生产行为有一定的约束作用。目前存在的问题是规制力度不大，没有形成对生产者的实质性约束。法律层面的规制一方面是宣传各种相关的法律、法规和一些新修改的规定，让农民知道国家禁止不安全农产品的生产，另一方面是加大执法力度，不能让法律仅停留在书面，应在实际中起到应有的惩戒作用。操作层面的规制要进一步完善田间地头检测制度和市场准入制度，不能让生产者有侥幸心理，认为制度是流于形式的，是虚设的。

（二）零售商安全农产品供给的动力来源

1. 消费者需求是零售商安全农产品供给的最主要动力

通过深度访谈了解到，零售商是否销售质量安全水平高的农产品主要取决于消费者的需求。零售商反映，很少有消费者询问所购买的蔬菜质量安全状况，更没有消费者关心零售商的进货渠道，以及是否可追溯。但调研早市上的蔬菜零售商发现，一些注重质量安全的消费者选择购买当地农民自己种植并销售的蔬菜，通过了解得知，这些消费者认为农民自己家里种菜自己吃不完才卖，自己吃的菜就不会大量用农药。综上所述，零售商安全农产品供给最重要的动力来自消费者的需求。

2. 安全农产品的销售量和利润是零售商最根本的动力

零售商是商人，虽然其经营规模不大，但也要追求利润。只要安全农产品带来的利润高于常规农产品，他就有供给安全农产品的倾向。但是否真正供给还取决于安全农产品的销售量：如果销售量上不去，即使单位利润高，零售商也不愿去做。我们调研过程中，有这样一个零售商，其在居民非常密集的住宅小区开了个水果店，开始经营的是质量安全水平较高的国内水果和一些国外水果品种。每种水果商标都有产地和质量安全认证标志，每种水果的单价都比较高。三个月后店里大部分水果变成了普通水果，这些普通水果以散装为主，没有产地，更没有质量标识。访谈得知，高质量的水果因售价高，消费者需求数量非常有限，商家仅靠高档水果经营不下去，所以开始经销普通货。普通水果虽然单位利润低，但销售量大，零售商的每天利润还是比只经销高档水果利润大。由此可见，安全农产品的销售量和利润是零售商最根本的动力。

3. 零售市场的检测是安全农产品供给的推动力

目前我国的检测制度大多在批发市场实行，只有部分大中城市规模较大的零售市场才设有检测办公室。即使设有检测办公室的市场也只是对市场的小部分蔬菜进行抽检。虽然《农产品质量安全法》规定，"农产品销售企业对其销售的农产品，应当建立健全进货检查验收制度，经查验不符合农产品质量安全标准的，不得销售"，但对规模小的零售商贩没有做具体要求。所以大部分零售商所经销的产品没有约束机制。我们还考察了设有检测办公室的零售市场，因为有抽检，所以里面的零售商贩在选择进货渠道时会选择到规模大、有检测制度的批发市场进货，不敢直接去地头从农户手中进货。

（三）以批发市场为桥梁的模式安全农产品供给的动力机制分析

如图 6 - 9 所示，农户安全农产品生产的动力来源于四个方面，分别为：供给安全农产品的收益，农户对质量安全问题的认知，政府和一些部门提供的安全生产的有关服务，政府的规章制度。零售商供给安全农产品的动力来自消费者的需求、供给安全农产品所带来的利润和零售市场的检测机制。农户和零售商通过批发市场连接起来。从自组织理论分析，以批发市场为桥梁的农产品流通系统向安全农产品流通系统转变，需要一个触发机制。对系统起触发作用的是临界点的涨落。涨落通过系统的非线性机制放大，对系统的演变产生触发作用。涨落可以由外部因素导致，也可以由系统内部因素引起。巨涨落使系统发生演化，巨涨落的形成需要系统内负熵流的累积以及系统内各要素的协同作用。农户和零售商协同供给安全农产品已具备一定的基础，即双方都有对利益或利润扩大的追求。只要加大系统内负熵流就能完成系统的演化。通过对批发市场设置严格的检测制度和产品按质量分级制度就能使系统内负熵流增加，且使系统产生巨涨落。产品分级和检测制度会迫使农户提高产品的质量安全水平，按级别以不同的价格销售农产品。产品分级会使零售商购买到自己所需要的不同等级的产品。零售商再按产品等级以不同的价格卖给消费者，既满足了消费者需要，零售商也获得了相应的利润。

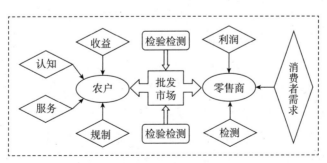

图 6 - 9　以批发市场为桥梁的流通模式安全农产品供给的动力机制

四 以批发市场为桥梁的流通模式管控的着力点分析与系统演化

(一) 管控的着力点分析

前文从系统论角度对农产品流通系统演化的动力机制分析表明，以批发市场为桥梁的流通模式质量安全管控的着力点主要是连接农户和零售商的批发市场。只要批发市场设有严格的检测制度，生产者就会关注生产过程和产品的质量安全水平，否则他生产的蔬菜就没有销路。批发市场可以要求生产者根据检测结果对产品进行分级，零售商根据质量水平的级别以不同的价格购买。然后零售商再以不同的价格卖给消费者。如果批发市场规模较大，有一定的人员和资金，还可以向进入市场的生产者索要生产过程记录、农药使用清单、购买农药时售药人的签名名单、激素使用说明等。只要市场上有这一系列措施做保障，生产者的生产行为就受到了制约，即使不改善质量安全水平，也不会使有毒菜流入市场。批发市场对每一批产品的检测单给零售商，作为零售商的产品进入零售市场的依据。

为避免零售商不从批发市场进货，零售市场要设有质量检测人员，只要有批发市场的检测单，零售商的货品可以不经检测直接进入零售市场销售。如果零售商不能提供，则表明零售商的货品可能来自地头，零售市场要进行检测，检测合格才能进入市场销售。这样既避免了重复检测，又不会漏检。

零售市场可设快速检测仪让消费者免费检测，这样可以在一定程度上约束零售商和检测部门的串通。消费者一旦检测出所购买的蔬菜有问题，责任会很明确。

(二) 系统的演化

以批发市场为桥梁的农产品流通系统的演化趋势，一是在较长的一段时间内维持现有相对平衡状态；二是向安全农产品流通系统演化。只要外界环境不向系统输入安全农产品供给的信息，系统内各要素就维持原有运动方式，要素之间的相互作用不会产生分支，虽然可能有微小涨落，但并不影响系统的功能和结构。当外部环境大量、持续、密集地向系统输入安全农产品供给信息时，如政府在市场设置一系列制度约束生产者和零售者行为，系统内各要素发生非线性相互作用，发展到某一临界值形成涨落，局部微涨落在系统的非线性作用下，被放大为系统巨涨落，在临界值处产生分支，使系统演化为具有新结构、新功能的系统（参见图6-10）。自组织形成的新流通系统以安全农产品供给为基本功能，各主体要素围绕安全农产品供给目标组织资源，流通系统内各硬件建设也都为安全农产品供给服务。

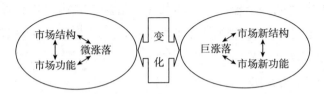

图6-10 以批发市场为桥梁的农产品系统的演变

第五节 加工企业主导的流通模式中安全农产品供给的动力机制

目前对农产品进行分拣、清洗、保鲜、包装后再进行销售的农产品加工企业很多，它们有的直接生产农产品然后再销售，有的不参与生产只采购农产品和销售农产品。这类加工企业在当前的农产品流通中占有一席之地，在保证农产品质量安全方面又有其特点，因此我们专门对其进行分析，以揭示加工企业安全农产品供给的动力来源，以及以加工企业为主导的流通模式安全农产品供给的动力机制。

一 加工企业主导的流通模式中安全农产品供给：两案例对比分析

为完成本书，我们访谈了多家农产品加工企业，这些加工企业以农产品的简单加工为主，农产品深加工企业不在本项目考察范围内。这些加工企业中，有的企业有自己的生产基地，有自己的品牌；有的企业没有生产基地，只是收购别人的产品贴上自己的品牌；有的企业没有任何品牌但有相对固定的销售渠道。调研发现，虽然都是加工企业，有的企业对农产品质量控制得非常好，有的企业没有任何控制措施，为找出导致差异存在的原因，我们选择两个案例进行对比分析，深入考察影响加工企业进行质量控制的深层次因素。为了剥离地域资源和制度环境对企业决策的影响，我们选择的两家企业属同一个地区，市场条件、信息获取状态和交通便利条件也基本相似，经营的农产品基本相同（一季相同，一季不同，企业的主要利润来自相同的一季）。

（一）案例说明

案例1情况介绍。案例1企业是从事农产品种植、收购、加工和销售的蔬菜保鲜企业。成立于2001年，注册资金84万元，固定资产150万元。该加工企业一年种植两季农作物，一季种西兰花，一季种南瓜。西兰花出口销往香港和东南亚市场，南瓜以本地销售为主。加工企业的主要盈利来自西兰花，种植南瓜主要是为了土地轮作。案例企业自己流转了5000亩耕地种植西兰花，雇用了5个田间管理员（当地人简称"田管"），田管一般都是西兰花种植经验非常丰富的人，年龄在40岁到50岁之间。种子、肥料、农药等各种投入品由企业采购，施用时间和程序由田管负责。当用工集中时，比如采摘季节，由田管到当地市场雇用劳动力，并由田管监督劳动过程。加工企业对田管有激励和惩罚措施。最常用的措施是，合同约定每亩西兰花的产量，超过部分按产量和收购价格提成，每亩产量达不到合同约定的数量，按减产额予以罚款，连续几季不能完成合同，将被开除。西兰花收割后加工企业用自己的加工设备进行清洗、分类、包装、保鲜，储存到冷库。该加工厂的西兰花销往我国香港地区和东南亚。与收购方一般在年初签订销售合同，合同中明确规定了收购数量、质量要求和违约责任。

案例 2 情况介绍。案例 2 的加工企业是一家果蔬保鲜厂，主要是从事西兰花的生产和销售。该企业创办于 1999 年，2000 年资金达到 31 万元。该加工企业一季种西兰花，一季种水稻。西兰花和水稻都在国内市场销售。该企业流转土地 2000 亩自己种植，企业自己雇用田间管理员，由田间管理员负责整个生产过程。种子和农资由企业发给管理员，管理员雇人或自己家人从事田间劳动。该加工企业也注册了合作社，大约有 6000 亩由合作社农户种植。合作社与社员关系比较松散，合作社和社员是买卖关系，即西兰花成熟后社员可以卖给合作社也可以不卖给合作社，合作社可以收购社员的也可以不收购。种子和农资社员可以从合作社购买，也可以自己到其他地方购买。该企业生产的西兰花主要销往国内市场，2014 年销售的高峰时期每天销售 100 万斤（500 吨）。随着其他省份西兰花种植规模的增加，市场竞争日趋激烈，2015 年没有大客户收购，销售状况很不好。这使得企业只为自己种植的西兰花寻找销路，不再收购社员的产品，社员的产品社员自寻销路。

（二）案例企业对质量安全认识对比分析

案例 1 企业对质量安全的认识。案例 1 企业从企业的高层管理人员到田管再到技术人员都非常重视产品的质量安全水平。用他们自己的话说"开拓市场不容易，若因质量问题失去已有市场还得重新开拓"，由此可以看出，激烈的市场竞争使企业担心失去已有销售渠道，重新寻找客户要花费大量成本，所以非常注重西兰花的质量安全水平。基于此，企业购置了检测设备，配备专门的技术人员。企业在西兰花种植过程中还积极推广有机肥和低毒农药。为把违约风险降到最低，企业还从海关处得到国外的检测项目和具体标准，对照标准进行生产过程控制。

案例 2 企业对质量安全的认识。案例 2 企业负责人认为西兰花质量安全水平高低对企业没有太大影响，只要能卖出去就行。案例 2 企业对产品质量没有足够的认识，究其原因，主要是因为产品销往国内市场，而在国内市场质量安全水平与价格、销售状况没有直接关系。企业经营的指导思想是如何降低成本，为降低投入品采购成本，企业统一购买农资。除自有生产基地外，对社员农户的生产过程不进行统一管理，这使得企业的产品质量参差不齐。企业自己没有购买质量检测设备，尽管当地政府免费发放了检测设备，但企业很少使用。

（三）案例企业质量控制措施对比分析

案例1企业质量安全控制措施。案例1企业对产品的质量有一系列的控制措施，主要有以下几个方面：（1）统一购买农资。种子、化肥、农药、除草剂等都由企业统一购买，分发给田管施用。这样不仅因大批量购买而降低了购买成本，而且便于病虫害的统一防控而增强施用效果。（2）生产过程统一控制。统一安排种植时间，统一时间喷洒除草剂，统一时间进行病虫害预防（而不是等出现病虫害后再喷药），统一浇水，统一收割。企业对生产过程的统一控制便于提高病虫害防治效果，减少用药次数。（3）生产中对每个地块进行抽检。企业雇有6个专门的农技人员，他们对每个地块不间断地进行抽检。查出问题会按合同规定给该地块的田管以较为严厉的惩罚。产中抽检制度有利于对田间管理员工作的约束，还为农产品成熟后的质量安全打下了良好的基础。（4）采摘前检测。西兰花成熟后在采摘前，企业要对产品进行最后一次检测。这次检测是对每个地块的全覆盖检测。对于检出问题的地块，产品延迟收割，由此造成的损失由田管承担。

案例2企业质量安全控制措施。案例2企业没有为控制质量采取特殊的控制措施。尽管企业也统一购买种子，其主要目的一是降低采购价格从而节约成本；二是产品同时间段成熟，便于销售，而非为了对病虫害的统一防控。经访谈得知，社员农户一般都是在出现了病虫害时再施用农药，而不是预防，这就降低了农药的药效。为提高药效社员只好加大配置的剂量，从而增加了农残超标的风险。企业购买化肥、农药等投入品，分配给田管用于企业自有生产基地，对社员农户不强制施用。这样做的一大弊端是不利于病虫害的统一防控，一个地块用了农药，若相邻地块没用，一些害虫会迁移，不得不比较频繁地用药，从而增加质量安全隐患。企业对西兰花生产过程中和采摘前后没有专门的检测，对社员的产品也是根据外观质量制定收购价格。

二　加工企业安全农产品供给的动力分析

通过两个案例的对比发现，案例 1 企业对生产过程有严格的质量控制，提供的产品质量安全水平较高，案例 2 企业对生产过程基本没有质量控制。生产的是同类的产品，为什么会有如此显著的差异？生鲜农产品加工企业安全农产品供给的动力是什么？下文将进行深入剖析。

（一）追求更多利润是企业供给安全农产品最基本的动力

从对两个企业的比较分析发现，案例 1 企业对西兰花质量安全高度重视，也采取了很严格的质量控制措施，最本质的原因是为了获得更高的利润。案例 1 企业的产品主要销往中国香港和国外市场，每公斤西兰花的价格平均比国内市场高 2 元左右。与供给国内市场的西兰花相比，虽然国外市场对质量要求严格，但还是扩大了企业的利润空间，这使得企业有动力供给安全农产品。我们调研多家农产品出口企业都反映，到国外销售的农产品单位利润基本上都要高于国内。而案例 2 企业面对的是国内市场，国内市场价格和质量之间没有明显的匹配关系，由于市场的原因，它即使提高产品的质量水平，也不能获得更多的利润。案例 2 企业的定位就是只要能销售出去，有利润就可经营。由以上分析可得，供给安全农产品能给企业带来更多的利润，企业才有动力。

（二）激烈的市场竞争迫使企业不断提高产品的质量安全水平

市场竞争强迫企业不断提高农产品质量主要有两方面的原因：一是与国内同行的竞争。以西兰花为例，20 世纪 90 年代只有浙江部分地区生产西兰花，现在江苏、山东、河北的张家口地区都种植西兰花。西兰花出口以日本、韩国、东南亚为主。随着种植面积的扩大，对海外市场的争夺越来越厉害。进口国不断提高质量要求，为了在同行中脱颖而出，国内加工企业不得不以质量取胜。二是与国外同行的竞争。占领国外市场，价格和质量是最常采取的竞争手段。因为我国劳动力成本较发达国家低廉，价格竞争在劳动力密集型产品中我国一直具有优势，所以与国外同行的价格竞争曾经是常用的方法之一。随着时间的推移，我国农业劳动力成本不断上升，低价竞争失去优势，质量竞争成为重要的手段。若想在国外市场占有一席之地，必须不断提高农产品质量。综上分析，企业对产品质量的重视缘于市场竞争的驱动。

（三）严格的检测制度驱动企业提高产品的质量安全水平

通过两家企业的对比分析发现，市场的检测制度对生产过程的导向作用非常之大。案例1企业产品出口中国香港和国外市场。出口时要经海关部门检测，进口国海关还要检测，进入国外市场时还要对产品进行检测，一系列检测使国外进口商不得不重视产品质量。在完善的检测制度框架下，进口商不得不对农产品加工企业有质量要求，从而加工企业才对生产环节有质量控制。案例2企业的产品主要销往国内市场，但由于我国农业经营制度、流通体系和监管体制等多方面的原因，国内监管存在空白，很多市场监管流于形式。这使得收购商不重视质量，也不对上游的加工企业做质量方面的要求，加工企业对生产环节自然没有质量控制。

三　加工企业主导的流通模式安全农产品供给的动力机制分析

以加工企业为主导的流通模式安全农产品供给的动力机制如图6-11所示。加工企业的动力主要来自三方，一是企业内在对利润的追求，二是外部激烈的市场竞争，三是下游经销商的要求和质量检测。每个企业都追求利润，提供高质量的产品可以获得更多的利润，一些企业就是在更多利润的追逐过程中不断提升自己的产品质量。市场竞争使企业寻找自己的生存空间，并占领这个空间，若有可能还要拓展这个空间，一些企业就把企业经营战略定位为高质量、高价格。要维持高价格带来的高利润，就得供给高质量的产品。下游经销商构成对加工企业最直接也是最有力的约束。可以以合同的形式约束企业，也可以以现场检测的方式检测产品。如果企业违约不仅要承担高昂的处罚，还有可能失去这个销售渠道。开辟一个高价值的渠道对企业而言并非易事，尤其是国外市场，所以产品销售国外的加工企业格外重视质量安全问题。另一方面，产品出口还要接受海关的检测和进口国市场的检测，这种层层检测的制度使企业不敢存丝毫侥幸心理，唯有生产高质量的农产品。

在三方动力构成的合力推动下，企业会对生产过程进行严格管理，每一生产环节都严格把关，确保最终产品的质量安全。在自有基地生产的产品不能满足需要时，加工企业也收购合作社的产品，但在收购时对其进行检测。如果是出口产品，还要对照国外检测项目进行一一检测。如果和合作社每年都有合作关系，加工企业还会提供合作社投入品使用清单，避免其使用出口不能用的农资。加工企业一般不收购分散的农户生产的产品，除非是规模较大的家庭农场。

以加工企业主导的流通模式中面向国内销售农产品的企业提供给市场的产品质量安全水平较低，如何使其提高产品质量，从而完成农产品流通向安全农产品流通的转化，下文用自组织理论进行分析。虽然任何加工企业都追求利润，但在目前国内的市场环境下，企业选择扩大利润的途径是降低成本，而不是提高质量。虽然同行之间的竞争也非常激烈，各个企业都想尽快把自己的产品销售出去，但大多数企业选择的竞争方式是价格竞争，而非质量竞争。这使得企业缺乏供给高质量产品的动力，该流通模式向市场供给的农产品多是常规农产品，甚至是低质农产品。若想使系统跃向一个高质量的平衡，系统需要产生巨涨落。涨落的产生需要系统内各要素的变化和相互作用。若使系统内各要素发生变化，需要外部环境输入信息和能量。对于农产品流通而言，政府只要营造良好的市场环境和制度环境，促使企业根据环境变化调整自己的行为，从而主动供给安全农产品。企业无法控制外部环境的变化，只能根据不断变化的环境，调整自己的行为以适应环境。

　　企业所处的外部环境主要包括市场环境、制度环境、法律环境和产业环境。良好的农产品市场环境要求有良好的市场价格形成机制，有效的竞争，畅通的信息传递机制，健全的信用机制等。良好的农产品交易制度环境包括公开透明交易，对非法交易的有效约束制度，明确的产权，以及对产权的保护制度等。法律环境为企业规定经营活动的行为准则，企业只有依法进行各种营销活动，才能受到国家法律的有效保护。良好的法律环境能够打击非法生产和经营，为安全农产品生产引导方向。产业环境是指能引导产业发展的方向，该产业的正常发展不被压制，对安全农产品发展有鼓励，对经营安全农产品的企业有扶持和保护。

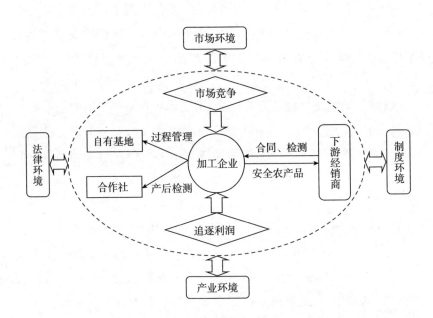

图 6-11　加工企业主导的流通模式安全农产品供给的动力机制

四　加工企业主导的流通模式管控的着力点分析

　　对于农产品出口的加工企业，不需要对其进行专门管控，在利润的诱导下和国外严格的检测制度下，供给高质量农产品是其必然选择。如果供给不安全农产品被发现，短期会因违反合同而按事先约束的条件受到惩罚，长期则会失去国外的销售渠道，从而影响其长远利益。所以在市场经济环境中，追求利润最大化的企业不会供给不安全农产品，而是千方百计提高农产品质量。

对于农产品在国内市场销售的加工企业要对其进行管控。由于国内市场准入制度不太完善，这类加工企业在生产时不在意产品质量，甚至有可能为了降低成本，向市场提供大量的低质量农产品。政府应在营造良好的外部环境和完善检测制度的同时加大对加工企业的管控力度。具体而言，对其管控的方式为，一是对生产达到一定规模的加工企业实行备案制，政府有关部门对备案的企业进行检查监督；二是把其纳入追溯系统，使其销售的每一批产品有源头可查；三是责令其生产记录制度化，投入品使用透明化。总之，只要管好加工企业，就可以以较小的成本解决加工企业主导的流通模式中农产品的质量问题。

第六节　"基地＋公司"流通模式中安全农产品供给的动力机制

随着经济的发展，收入的分化，出现了一些非常注重自己饮食安全的高收入阶层。他们只要能买到质量安全的产品，就可以不考虑价格愿意为此付费。随着这类顾客群体的扩大，农产品流通出现了一种新的模式，尽管这些流通模式目前还不是主流，却代表了农产品流通多样化和发展的某个方向。这种流通模式表现为"基地＋公司"。下文以案例形式对这一模式进行探索性研究。希望通过案例研究理解和发掘这种流通现象，旨在找出安全农产品供给的动力源，以及公司安全农产品供给的动力机制。

一　"基地＋公司"模式的案例分析

笔者调研了多家生产和经销农产品的公司，这些公司的共同特点是：有自己的生产基地，生产高质量的农产品，产品销售价格远远高于市场同品种产品的价格，有特定的销售渠道。在这些公司中我们选取两家，总结公司对产品质量安全问题的认识以及所采取的质量安全控制措施，为分析安全农产品供给的动力奠定基础。

（一）有机蔬菜公司案例与绿色蔬菜公司案例

案例1：某生产和销售有机蔬菜的公司。

该案例是一家个人投资的公司，公司始建于2006年，2015年调研时已拥有总资产3936万元。拥有自己的蔬菜生产基地800亩，蔬菜年销售量380万公斤。主要生产、加工和销售有机蔬菜和特色蔬菜。该公司蔬菜通过了有机产品认证，还注册了商标。公司部分产品销往北京市和天津市的高档宾馆和饭店，部分产品以定制的形式卖给会员。

公司建有科技研发楼、检测中心、工厂化育苗车间等设施。拥有高效日光温室150个、联栋温室30亩，并投资200多万引进国外新型气象监测设备2套。有员工150人，其中质量安全管理人员12人。

公司不断进行科技创新，先后引进180余个名特优蔬菜、瓜果新品种，进行择优推广。公司还与高等院校建立合作关系，吸收毕业生到公司就业，提高员工素质。还建立了教授工作站，定期聘请专家、教授进行技术指导和人员培训。大大提高了员工的种植水平和产品的科技含量。

案例2：某生产和销售绿色蔬菜公司。

河北某科技有限公司，成立于2003年，注册资金6000万元，是一家集蔬菜、水果种植、种苗繁育、科技研发于一体的企业。该企业流转了400亩土地，经过两年的转换期后，开始种植绿色蔬菜。公司的技术人员全部为农业大学相关专业毕业的学生。工人有长期雇工和临时雇工。长期雇工是当地蔬菜种植经验丰富的农民。短期雇工是临时从市场上雇来，短时间内进行集中劳动。

蔬菜种植过程全部使用有机肥，杜绝使用化肥。蔬菜生产过程中，采用高温闷棚、防虫网隔离、黄蓝板诱杀、杀虫灯诱杀等物理防虫措施，基本不使用化学农药，偶尔会用到生物农药。蔬菜水果的生产过程杜绝使用激素。为了保证灌溉用水安全，灌溉用水取自400 米下的深水井。

蔬菜的销售全部采用会员制。消费者交足年费或半年费成为公司会员。公司为会员每周配备 5 个菜品或 10 个菜品一次送菜到家，会员可以在同一时间段成熟的蔬菜中事先选择所需菜品。价格不随市场菜价波动，不分季节，不论品种，每公斤菜均为 18 元。

（二）公司对质量安全问题的态度

为了解公司各层次人员对产品质量安全的看法，我们访谈了公司的老板、多个部门经理、技术人员和公司长期雇用的工人。公司上下对质量安全问题的态度总结如下：

首先，公司都看好安全农产品市场，认为有机食品是"朝阳产业"，具有广阔的市场前景。通过与公司高层管理人员访谈，他们认为，在一些发达国家的市场上，有机农产品的销售占有很大比例，国内市场前景也非常乐观。人们对安全食品的需求会日益强烈。同时他们还认为，中国的有机蔬菜的道路还很漫长，有很多的困难需要克服，有很多的障碍需要清除。

其次，公司都很重视质量安全。"以质量求生存"是这类公司的最大特色。因为公司与消费者或下游主体之间不是一次性交易，这就决定了公司提供不安全农产品的后果：一是出现质量安全问题责任易于追查，二是丧失已有会员。没有消费者会员的参与，这类公司就无法持续经营。重视质量安全还体现在农产品的生产和流通过程中，如生产过程中尽量不使用人工合成的农药、肥料、除草剂、生长调节剂等，不断提高蔬菜的加工、消毒、检测、储存、保鲜水平。

再次，保证产品质量安全，追求长远利益。与公司老板访谈发现，虽然公司盈利状况很好，但都没有扩大规模的打算。询问其原因，主要担心规模扩大，管理水平上不去，不能保证产品质量安全，影响公司的信誉。为保证产品质量公司都是自己控制生产过程，不愿改变生产模式。据被访谈人员反映，由于公司经营业绩好，有农业合作社想加入，利用公司的品牌和销售渠道，按公司的要求进行生产，被公司拒绝。公司认为改变公司经营模式将无法保证产品质量。

（三）质量安全控制措施

公司为保证蔬菜的质量安全采取了一系列控制措施，投入了很大的成本来保证农产品的质量，从中可以考察到公司安全农产品供给的动机强烈。这些措施主要体现在以下五个方面：

（1）保持生产基地的地块完整性。公司从农户处流转来土地，先进行平整和整理，连起来成片，构成完整的地块。与其他农户的耕地要有明显的隔离，或以道路隔开，或种植较高的灌木隔开，把生产基地建成一个相对封闭、能自行循环的生态系统。

（2）实行轮作制。为减少病虫害发生，生产基地大多采用轮作制，保证至少三种作物进行轮作。在一年只能生长一茬蔬菜的地区，不便于轮作的，耕地要进行休耕。休耕期间采用高温闷棚等形式杀死虫卵，以减少病害基数。对于便于轮作的，前茬蔬菜收获后，彻底打扫清洁基地后再种植下一茬。

（3）严格选用肥料。生产基地很少使用无机肥，一般使用有机肥和种植绿肥。在施用有机肥前会采用沤制或堆制的方法充分腐熟，并在施用前进行无害化处理，尽可能地杀灭农家肥中带有的病虫草害，提高蔬菜对肥料的吸收利用率。种植绿肥一般采用通过认证、允许在有机蔬菜上使用的。

（4）用生物、物理的方法防治病虫害。公司在蔬菜种植过程中尽量不用化学农药，对病虫害防治方法总结如下：一是用害虫天敌进行害虫捕食和防治，这种方法存在于蔬菜种植品种比较单一的公司。二是利用害虫固有的趋光、趋味性来捕杀害虫。如用黑光灯捕杀蛾类害虫，用黄板诱杀蚜虫等。三是使用矿物质进行防治，如使用硫黄、石灰、石硫合剂波尔多液等防治病虫。四是用植物药剂进行防治，如用除虫菊、鱼腥草、大蒜、薄荷、苦楝等进行病虫害防治。

（5）禁用化学除草剂除草。目前我国常规农作物种植过程中大量使用除草剂，在一定程度上降低了农产品的质量安全水平。我们调研的公司一般采用人工除草或机械除草，有的公司使用秸秆覆盖除草，还有的利用黑色地膜覆盖，抑制杂草生长。为杀死和减少带入菜地杂草种子的数量，在使用有机肥前都要充分腐熟。一部分公司通过轮作、休耕等方法来控制杂草。

二　"基地＋公司"模式安全农产品供给的动力分析

前文我们总结了农产品经销公司对质量安全问题的态度以及具体的控制措施，下文将根据我们的访谈进一步提炼和分析生产和销售农产品的公司安全农产品供给的动力来源。

（一）维护原有市场份额

通过访谈发现，公司在成立之初会有一个清晰的市场定位，一般是针对高收入阶层，以较高的价格提供高质量的农产品。在这个经营战略的指导下，企业投入很高的成本生产高质量的农产品，经过营销部门的不懈努力，在某个区域内占有了一定的市场份额。消费者对产品的满意度和对公司的忠诚度越高，市场份额就不会减少，还有可能通过消费者的宣传带动更多的消费者，从而扩大市场份额。如果顾客对提供的产品质量不满意，不再购买该公司的产品，公司就不能维持原有市场份额，甚至会不断减少。因此公司要维护原有市场份额中顾客的满意率和忠诚率，就要提升市场份额质量，最基本的做法就是从顾客的满意率入手不断提高产品质量，使消费者满意。

（二）进一步占领高端市场

通过与公司的老板访谈发现，有机农产品主要针对高端消费群体，因其科技含量较高，其价格比常规农产品高出很多，这就使得高端市场的利润率高于低端市场。随着消费者收入的快速提高，高端市场的市场容量会进一步放大。现在经营农产品的公司已有了良好的市场基础，它们会借助市场优势和品牌优势继续扩大在这个市场的市场份额，甚至通过产品差异化进一步占领更高端的市场，从而获得更多的利润。这也是经营农产品的公司不断提高产品质量安全水平的一个重要动力。

（三）保护公司品牌

公司的营销部门负责人反映，公司供给安全农产品是为了保护已经创立起来的品牌，因为品牌对提升企业形象、提高市场占有率、提升盈利能力等方面有着重要的作用。公司的有机产品品牌需要经过一段较长的时间才能创建起来，原有顾客群已认可该公司的品牌，所以才购买该公司的产品。若公司不珍惜自己的品牌，所经营的产品脱离了消费者对安全的需求，就会失去消费者。一个品牌知名度很高的公司，若它的产品质量出了问题，会大大降低公司形象，使品牌受损。为了维护品牌和形象，公司不敢有丝毫懈怠，唯恐出现质量安全问题。综上分析，公司供给安全农产品也是保护公司品牌的需要。

三 "基地 + 公司"模式安全农产品供给的动力机制分析

公司主导的安全农产品供给的动力机制如图 6 - 12 所示。公司之所以向市场提供安全农产品，一是来自企业的内部动力，一是来自外部动力。内部动力主要包括维护市场份额、占领高端市场和保护公司品牌三个方面。外部动力主要包括满足市场需求、同行的竞争和科技进步三个方面。需求的发展趋势和国家政策导向给公司供给安全农产品以希望和未来发展的空间。公司在当前发展和未来发展战略中选择供给安全农产品。

从自组织理论分析，高收入消费者对安全农产品呼声越来越高，需求越来越强烈，农产品流通系统内负熵流增加。加上国家保证食品安全的政策导向，系统原有的平衡产生干扰。企业要维护原有市场份额、牢牢占领高端市场和保护公司来之不易的品牌，不得不对产品的生产过程进行质量控制。随着对安全农产品需求的加大，同行之间的市场竞争越来激烈，若要不被淘汰出市场，企业不得不提高产品质量。安全生产技术不断进步，企业有实力也有意愿引进技术，技术进步为安全农产品生产创造了条件。在外部环境影响下，在企业内外部动力的驱动下，公司有不断提高农产品质量的动力。只要没有大的变化，以公司为主导的流通模式会保持在供给安全农产品的动态平衡中。

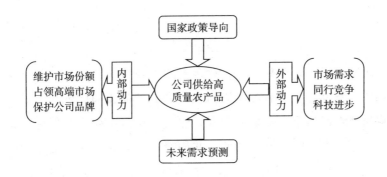

图 6 – 12　公司主导的流通模式安全农产品供给的动力机制

四　"基地 + 公司"流通模式管控的着力点分析

"基地 + 公司"流通模式的核心是公司，是为追求市场利润自发发展起来的。虽然从事的是农产品生产，但其管理制度规范、科学，与市场中从事其他行业的公司并无二致。公司有一整套质量控制措施和程序，能很好地保证产品质量。现在市场上这种类型的公司越来越多，公司之间的竞争愈发激烈。竞争给企业带来压力，使其想尽办法存留于市场，其中最基本的办法就是不断提高产品质量，得到消费者认可。因此，政府对这类公司不用进行任何与质量安全有关的直接干预，只需营造良好的外部环境。如在政策上鼓励安全农产品供给，在法律上健全和细化有关质量安全的法律法规，在制度上完善各种监管，创新监管模式，打击不安全供给的违法违规行为，为安全农产品供给创造公平的环境。

第七章　实证结果总结

通过梳理借鉴已有文献和对多方的深度访谈，以及对公开统计资料的分类整理，本书首先概括了我国农产品流通的现状，提炼了影响当前农产品质量安全的因素，然后运用自组织相关理论分析了农产品流通系统的自组织特征，并构建了安全农产品供给动力机制的理论模型。在此基础上，基于实地调研数据，我们用统计分析、案例分析和实证模型的方法探讨了不同流通模式下安全农产品供给的动力来源，结合自组织理论，分析了每一种流通模式安全农产品供给的动力机制。进一步预测和判断了农产品流通系统的演化趋势，分析了向安全农产品流通系统演化的条件，进而指出了每一种流通模式管控的着力点。通过研究，本书得到下述实证结论。

（1）农产品流通是由诸多要素组成的多层次、多结构、多功能的复杂系统。每一种流通模式可视为整个农产品流通系统的一个子系统，同时也是一个自组织系统。流通模式内的生产主体、各流通主体以及消费者都是系统构成的核心要素，各要素间发生着复杂的非线性关系。系统的各要素之间，以及系统与经济环境、制度环境、社会文化环境之间进行着产品、货币和信息的交换。外界环境输入系统的各种信息，以及系统内各要素的相互作用引起系统内熵流的变化，从而使系统处于动态的发展变化之中。每种农产品流通模式因其系统构成的具体要素不完全相同，要素之间的作用方式不同，以及外部环境对其影响方式和影响强度的差异而使其具有独特的演化过程与演化机制。

（2）我国农产品多种流通模式并存，每种流通模式中起主导作用的主体不同，安全农产品供给的动力源不同，由常规农产品流通系统到安全农产品流通系统演化的动力机制存在比较明显的差异。

对多个批发商的访谈结果表明，以大型批发商为主导的流通模式中，经济利益、下游交易伙伴的要求、销地批发市场的检测制度是批发商安全农产品供给的动力源泉，在三方所形成的合力推动下，批发商具有安全农产品供给的动力。随着外部环境对系统的作用力加大，批发商会组织该流通模式内各主体要素供给安全农产品。在批发商的推动下，各主体调整自己的决策行为，通过各个流通主体的协同作用，最终完成从常规农产品流通系统到安全农产品流通系统的演变。

通过对多家超市的走访得知，以超市为主导的流通模式中，超市为了保护超市声誉，在消费者安全农产品需求的引导下，在政府部门对超市抽检的压力下，超市运用所具备的技术优势有能力保证农产品质量安全，但囿于农产品小规模的生产方式和超市的管理成本，在"抽检"而不是"全检"的制度环境中，超市会选择有利于自己的采购渠道，不会主动提高农产品质量安全水平。若让系统自组织完成由常规农产品流通模式向安全农产品流通系统的转变，需要消费观念的转变、生产方式的变化，政策环境和社会环境的改变，这是一个比较漫长的过程。若使流通系统快速发生向安全农产品流通系统转变，需通过外力使系统产生序参量，在序参量的役使作用下系统发生演化，如政府相关部门加大对超市经营农产品的检测力度和检测频率，促使超市去组织和管理整个模式中的各种资源，协同各个主体供给安全农产品。

案例分析结果表明，以合作社为主导的流通模式中，规模较大、管理规范的合作社有自己特定的销售渠道，相较于散户生产具有渠道优势。合作社的制度安排使低成本的劳动监督成为可能，合作社能够实现对生产过程的质量控制。合作社为保证其长远发展，会接受买方对产品质量的要求。买方对产品质量的要求来自消费者需求和自己所受到的监管。只要对买方监管到位，不留空白，买方自然会要求合作社提高产品质量。但是，由于买方的多样性，实践中对各个买方实现全面监管比较困难。针对农产品存在最多的源头污染问题，为了实现对农产品低成本、高效率的全面监管，只需监管好从合作社流出的产品就可以办到。

以批发市场为桥梁的流通模式中，农户安全农产品生产的实证模型表明：农户认知中，农户对蔬菜质量安全的关注程度，农药残留对身体的危害对农户安全生产行为有正向影响；在经济因素中的不同质量水平蔬菜的价格差异，高质量蔬菜的预期收益对农户安全生产行为有正向影响；在政府规制因素中，农户对文本层面法律的了解程度，农业部门的田间检查和市场监测对农户安全生产影响显著；政府服务中的质量安全培训、田间指导及病虫害的预测、预报和统一的防治都对农户安全生产行为有显著性影响。本书的研究结果为农产品的源头控制提供了实证支撑。零售商安全农产品供给的动力来自安全农产品的销售量和利润，顾客的要求和零售市场的检测机制。在该模式中批发市场连接着农户和零售商，只要撬动批发市场这个关键点就能把农户和零售商的目标和利益统一起来，就能保证该模式中农产品的质量安全。

通过对访谈案例的总结发现，在以加工企业为主导的流通模式中，对利润的追逐、市场竞争是加工企业安全农产品供给的动力来源。通过两案例对比分析发现，下游经销商的要求是加工企业供给安全农产品的直接动力，决定着农产品的质量高低。下游经销商的要求来自他所面临的市场和消费者，如果市场进入门槛较高，消费者愿意为高质量付费，经销商会要求加工商供给高质量产品。如果市场监测制度不完善，消费者看重产品的价格，经销商则对加工商没有质量方面的要求。案例中两个农产品加工企业国内、国外市场销售渠道的不同，所决定的产品质量的巨大差异就是很好的例证。若使加工企业主导的流通模式供给更高质量的农产品，长期而言，随着消费者收入水平的提高，消费者对质量的重视和了解，会把需求信息向上游流通主体和生产主体传递，各主体间发生协同作用，使系统以自组织的方式实现安全农产品流通。短期而言，只要政府强化农产品市场准入制度和完善市场监测机制，对加工企业直接进行监管，在巨大的压力下，加工企业会主动去协调本流通模式中的各主体行为，系统产生巨涨落，在较短的时间内完成系统演化。

以公司为主导的流通模式中，安全农产品供给的动力一方面是来自企业的内部，另一方面来自企业的外部。内部动力主要包括维护市场份额、占领高端市场和保护公司品牌三个方面。外部动力主要包括满足市场需求、同行的竞争和科技进步三个方面。以公司主导的农产品流通模式中，公司的初始定位就是以较高的价格提供高质量产品，一般情况下公司不存在以次充好、欺瞒消费者的行为。为了在激烈的市场竞争中生存下去，公司还会不断提高产品质量。所以政府不用对公司进行质量方面的管控，只需营造良好的市场环境和政策环境，使公司处于一个公平的竞争环境即可。

（3）目前我国的农产品质量管控文本层面内容丰富，实际操作层面欠缺。通过梳理现有的农产品质量安全方面的法律、法规、规章、制度，发现政府对质量安全监管的范围广，内容多，监管面大，环节多。从农产品产地环境到农资，从生产到销售，从地头到市场，现有的法律基本能够全部覆盖。但调研发现，各种监管措施更多地存在于文本层面，真正落实到实际操作层面的较少。例如，《农产品质量安全法》规定"农产品生产者应当按照法律、行政法规和国务院农业行政主管部门的规定，合理使用农业投入品，严格执行农业投入品使用安全间隔期或者休药期的规定，防止危及农产品质量安全"。据我们的调研结果统计，大约40%的生产者没有听说过《农产品质量安全法》，大约有44%的生产者没听说过"农药残留限量标准"，在知道"农药残留限量标准"的人当中，仅有37%的生产者反映对自己的生产行为有影响。由此可见，文本层面的法律离被约束主体有很大距离，很多生产者不了解、不熟悉各种法律规制内容，不能对生产者的生产行为产生影响，法律因此没有起到应有的警示、威慑作用。即便是法律规定的具体监管制度，落实情况也不尽如人意，例如《农产品质量安全法》规定，"县级以上人民政府农业行政主管部门应当按照保障农产品质量安全的要求，制定并组织实施农产品质量安全监测计划，对生产中或者市场上销售的农产品进行监督抽查"。实践中，我国大部分地区对农产品生产源头的管控措施表现为，给具有一定规模的生产者免费发放快速农残检测仪，农业部门到田间进行监督、检查次数很少，调研的很多地区当地生产者反映，政府部门从未到田间地头进行过抽查。

（4）目前的管控措施针对性较差，重点不突出，既存在监管空白，也存在重复监管问题。监管空白的大面积存在增加了农产品质量发生的风险，重复监管浪费了大量宝贵的监管资源。

通过调研发现，目前我国对农产品管控的主要环节，一是在产地批发市场，一是在销地批发市场。产地批发市场和销地批发市场都执行抽检制度，这使得大量农产品未能被检测到，造成监管的真空地带，为质量安全问题的产生埋下隐患。同时，还有很多农产品不经批发市场流通，致使其在上餐桌前一次都没经过检测。与此问题并存的是，有的产品则被重复检测，比如有的农产品在田间经过了农业部门的检测，在产地批发市场经过了市场部门的检测，在销地批发市场继续被检测，进入零售市场被市场监督管理部门检测，这无疑造成监管资源的巨大浪费。

调研还发现，这种对产地批发市场和销地批发市场重点管控的制度已不适合我国目前农产品流通多样化的现实。目前我国有多种农产品流通模式，有些农产品流通模式既不经产地批发市场也不经销地批发市场，而是批发商直接从地头收购，然后就进入零售环节，有的是零售商直接到地头采购，然后售卖给消费者，这使得有些产品从地头到餐桌没经过任何检验。我们访谈时，很多批发商反映，自己所经销的产品没经过任何一个部门的检验就到了零售环节，而除大型零售市场外，许多零售摊点并没有检测制度，因而不受实质性约束。

（5）依据不同的流通模式，抓住管控的关键点可以降低管控成本、提高管控效率。每一种流通模式中，根据各流通主体专用性资产的多少、规模大小、议价能力强弱，都有一个起主导作用的关键主体。这个关键主体可能是大型批发商，可能是超市，可能是合作社，也可能是农产品加工企业或公司，它依据在流通中的地位能够发动流通模式中的其他主体，协同完成安全农产品供给。对关键主体进行管控，让其在动力和压力作用下，把信息向上下游传递，约束上游生产主体行为。这种由原来对"面"的监管变为对"点"的管控，不但可以降低管控成本，还可以提高管控的针对性和提高管控效率。

（6）整个农产品流通系统向安全农产品流通系统演化，若按自组织的方式进行，政府需要营造诚信的社会环境，质量信息透明的市场环境，完善的制度环境，以及明确安全农产品导向的政策环境，并且还要做好安全农产品供给的服务，把质量信息不断输入农产品流通系统，引起系统内熵流的变化。随着负熵流的增加，到某个临界点引起系统涨落，系统逐渐演化为安全农产品流通系统。若想加快农产品流通系统演化，需要每一种流通模式构成的子系统都发生变化，主动供给安全农产品。加速各流通模式的演化，可以通过对流通模式中的关键主体施加管控约束而进行，使关键主体利用自己的渠道权力比较快地提高本流通模式中农产品质量安全水平。

第八章　农产品质量安全管控的国外做法及在中国实施的障碍分析

国外对于农产品质量安全管控有很多成熟的做法，学界和政界诸多人士提出我国应借鉴国外的经验，完善我国的管控体系。但笔者认为国外有一些管控措施我国可以借鉴，但也有一些做法不符合我国国情，即使借鉴过来，由于本土适应性差，也不能很好地发挥作用，需要探索和发展既要和国际接轨又符合我国国情的管控方法。基于此，本章首先总结了发达国家农产品质量安全管控比较成熟的做法，然后结合我们的调研分析为什么国外一些成熟的做法在中国没有发挥良好的作用，进一步剖析当前我国农产品质量管控的特点，旨在为提出符合我国国情的管控政策奠定基础。

第一节　农产品质量安全管控的国外做法[①]

虽然世界各国的政治制度不同、经济发展水平存在差异，社会文化环境不同，但是农产品质量安全问题是大多数国家都普遍经历或正在面临的难题（茆志英，2015）。下文将从三个方面梳理国外发达国家质量安全管控的做法，意在分析其有效原因和为我国所借鉴。

---

① 田新霞等：《国内外农产品质量安全管控比较：理念、体系与制度》，《河北学刊》2016 年第 1 期。本节内容作为阶段性成果在杂志上已公开发表。

一　建立完善的管控体系

（一）法律法规体系

质量安全方面的法律、法规有引导、规范各生产、流通主体行为的作用，同时，还对违法行为起到约束和规制的作用。英美加、欧盟、日韩等国为治理农产品质量安全问题，都建立了比较完善的法律法规体系，用于约束各主体行为，违法者依照法律承担相应的法律责任。以美国为例，1906 年颁布了《食品和药品法》，这是美国通过的第一部全国性对食品安全进行监管的法律。1938 年通过了《联邦食品、药品和化妆品法》，此后美国先后出台《联邦肉检验法》《禽肉制品检验法》《蛋制品检验法》和《食品质量保护法》等法律法规，使食品安全监管的法律体系逐步完善（孔德超、孙翔玉，2014）。到目前为止，美国制定了 14 类 100 多个有关食品安全的法律法规，为食品安全监管提供了明确的标准和监管程序（田新霞、赵建欣，2014）。再以韩国为例，《食品卫生法》早在 1962 年颁布，2009 年进行了修订，它与 2008 年颁布的《食品安全基本法》构成了所有食品相关的基本法。在此基础上，相继颁布了《环境友好型农业振兴法》《农药管理法》《饲料管理法》《牲畜防疫法》《水产品质量监管法》《牲畜及牛肉可追溯法》等。韩国的法律、法规体系逐步完善和健全。

（二）质量标准体系

制定农产品安全标准并予以执行是政府在食品安全监管中的重要职能之一。发达国家食品安全标准众多且层次分明，标准覆盖面广而又富于针对性。以美国蔬菜标准为例，主要包括保护消费者不受伪劣产品欺骗和标签误导的蔬菜识别标准，保护消费者在不知情的情况下购买存在安全问题的蔬菜标准，避免消费者受欺诈的蔬菜容器填充标准，以及蔬菜质量分级标准（周洁红、钟勇杰，2006）。为和国际接轨，大多数国家采用国际食品法典委员会和国际标准化组织制定的食品安全标准。20 世纪 80 年代，英、法、德等国家采用国际标准的比例已达 80%，日本国际标准采用率达 90% 以上

（田新霞、赵建欣，2016）。以目前的农产品化学污染物标准为例，联合国粮农组织已公布了相关限制标准 2522 项，美国多达 4000 多项，而我国农产品质量标准中只涉及 62 种。①

（三）检验检测体系

完善的质量安全检验、检测体系可为农产品质量提供制度保障（田新霞、赵建欣，2016）。以日本为例，日本农林水产省和厚生劳动省建有完善的农产品质量安全检测监督体系。日本农林水产省设立了消费者技术服务中心，其重要职能之一就是负责全国各都道府县的农产品质量安全调查。农产品进入市场后，由厚生劳动省的市场卫生检查所进行质量抽查并公布检验结果。批发市场、日本农协都对农产品进行检查，诸多检查部门多层面的检查共同形成了日本从农田到餐桌的农产品质量安全检测监督体系（田新霞、赵建欣，2016）。李炳昕、许国栋和王志刚（2015）的研究表明：自 1996 年以来，韩国政府一直加强对农产品的安全性检验，通过对农场种植和储存的农产品进行安全性检验，防止质量安全不合格的农产品流入市场；同时通过强化对认证农产品和出口农产品进行安全检验，确保农产品的质量安全。检验的内容包括农药残留、重金属、真菌毒素、有毒食品添加剂和寄生虫等，对 200 多类食品进行检验，包括消费量大的大米和白菜以及生食食品（如紫苏叶和生菜）等；对残留农药超标的不合格农产品进行现场处理，或改变用途，或延迟销售，阻止不合格农产品流入市场。为了快速有效地进行安全检验，研发启用了"安全 Q 系统"。同时也实施了"互联网食品安全检验服务"，消费者可以在线申请食品安全检验。

（四）信息发布体系

在保护消费者利益的管控理念指导下，发达国家十分重视公众在食品质量安全方面的知情权。如英国《1999 年食品标准法》规

---

① 东方网，http：//pinglun. eastday. com，2016 年 8 月 16 日。

定，食品标准局获得的任何信息除依法不得公开的外，全部向公众公布。美国政府十分重视食品安全管理的公开性和透明度，建立了食品安全信息系统，该系统定时发布食品市场检测信息，及时通报不合格食品及其召回信息，使消费者了解食品安全的真实情况。同时，政府还通过公众集会、公告等多种形式，互联网和投寄等多种渠道，向消费者及其他利益相关者发布大量与消费者、食品生产经营者以及食品质量安全研究机构有关的食品质量安全信息（田新霞、赵建欣，2016）。

二　设置适应本国国情的管控体制

一个国家管控组织体系的合理与否，在一定程度上影响管控政策实施的效果和效率（田新霞和赵建欣，2016）。美国国家层面的食品安全监管机构主要包括食品和药品管理局、食品安全检验署、美国国家环保署和国家海洋渔业署，同时各州和地方都设有监管机构，形成联邦政府、州政府和地方政府间既相互协作又相对独立覆盖全国的食品安全管控组织体系。这些机构对不同种类及处于不同生产、销售阶段的食品安全监管发挥重要的组织保障作用。值得注意的是，美国联邦政府并不完全依赖于州或地方政府进行食品安全监管，还通过向全国派出大量调查员并设立检测中心和实验室来获取分析结果，从而实现食品安全的辅助监管。

虽然发达国家食品质量安全监管模式不尽相同，有多部门分散监管，也有一部门集中监管，但总体基本呈现出从分散监管向集中、统一管制转变，逐渐由集中和独立的中央监管机构主要负责，提高监管效率（袁文艺，2012；张锋，2012）。茆志英（2015）总结了美国、加拿大、日本、欧盟以及英德质量监管体制的特点：美国食品安全监管原有几个机构和三级政府，后成立总统食品安全委员会，进行集中统一和统筹协调管理；加拿大整合几个食品质量安全监管机构，交由农业与农产食品部下属的食品检验局，对全国食品质量安全进行统筹管理；日本在原有监管机构基础上，成立食品安全委员会，协同全国食品安全监管；欧盟则成立统一的食品安全局，负责对境内各个成员国食品质量安全进行集中监管，其中，英国有食品标准局、德国有联邦消费者保护和食品安全局。从以上各个国家体制的特点可以看出，各个国家管控体制依据本国国情不断调整，以适应需求，提高管控效率。

三　落实到位的管控措施

美国政策学者艾利森曾指出，"在实现政策目标的过程中，方案确定的功能只占到10%，而其余的90%取决于有效的执行"，所以操作层面制度的有效执行和落实到位的管控措施对保证质量安全起着至关重要的作用。

（一）生产过程：落实良好农业操作规范

良好农业操作规范（Good Agricultural Practice，以下简称GAP），是一套主要针对初级农产品生产和加工的操作规范，它通过规范生产过程，对采收、清洗、包装、贮藏和运输过程进行管理，保障初级农产品的质量安全。良好农业操作规范被国外作为保证农产品质量安全微观层面最有效的措施而广泛应用。美国规定在农产品种植环节农场主推行良好农业操作规范，加工环节的生产商采用良好生产操作规范，在生产过程中通过对微生物污染、化学污染和物理污染进行危害分析和关键点控制。在食品加工领域日本和新加坡早在20世纪就引进良好生产操作规范。良好农业操作规范被认为是农产品生产过程质量控制为核心，提高农产品生产全过程质量安全管理水平的有效手段和工具。

（二）加工过程：落实危害分析和关键点控制

在食品包括农产品加工过程中实施 HACCP 管理是保证产品在加工过程中不被污染，保证产品质量的有效措施。首先，加工企业分析加工过程中可能存在的危害，确定危害发生的关键点；其次，研究对危害的控制方法；最后，通过有效控制危害发生的关键点，避免危害的产生。该制度有针对性地控制了质量安全隐患，有效地保证了农产品质量安全。许多发达国家都在推广和实施危害分析和关键点控制，并取得了良好的效果。

（三）流通过程：落实市场准入制度和强制性检验制度

农产品流通过程中有效保证农产品质量的重要微观制度之一是食品质量安全市场准入制度（田新霞、赵建欣，2016）。该制度规定具备规定条件的生产者才允许进行生产经营活动，具备规定条件的食品才允许生产销售。强制性检验指未经检验或经检验不合格的食品不准出厂销售。对检验合格的食品要加印市场准入标志，没有加贴市场准入标志的食品不准进入市场销售。英国、美国、加拿大等国家的监管机关对农产品的加工和销售过程进行检查，对于检查到的违法违规农产品，监管机关可以查封、扣押和销毁。

（四）全产业链的追溯制度

建立追溯制度，实现食品的可追溯，成为发达国家政府保证农产品质量安全的重要举措之一（田新霞、赵建欣，2016）。美国于 2004 年颁布了《食品安全跟踪条例》，要求所有涉及食品生产、包装、储存、运输、配送和进口的企业必须建立和保全有关食品生产、流通的全过程记录，以便进行食品安全跟踪与追溯。美国农产品可追溯制度形成一个完整的链条，包括投入品可追溯、农业生产环节可追溯、包装加工环节可追溯和流通销售过程可追溯。在任何一个环节出了问题，都可追溯到上一个环节，有效保证了农产品质量安全。欧盟规定食品、饲料、供食品制造用的家禽以及与食品、饲料制造相关的物品，其在生产、加工和销售的各个阶段必须建立食品安全可追溯制度，只有能够追溯的产品才允许上市销售。英国食品安全监管的特征之一是执行追溯制度。监管机构发现食品存在问题，能通过电脑记录很快查到食品来源和出问题的环节，通知公众紧急收回，最大限度地保护消费者权益。

第二节　国内外农产品质量安全管控实施的微观基础差异分析

农产品在生产和流通过程中出现的质量安全问题与生产主体的生产行为和流通主体的供给行为密切相关，因而他们成为质量管控政策最主要的实施对象，同时构成农产品质量安全管控实施的微观基础。虽然国外一些管控做法我国可以借鉴，但借鉴时若忽视了国内外微观基础存在的差异，将导致一些国外的质量安全管控政策的本土适应性较差，同样的管控体系在国内难以发挥应有的作用（赵建欣等，2015）。

国外发达国家在农产品质量安全管控方面积累了丰富的经验，我国也进行了充分的借鉴，为什么国外行之有效的农产品质量安全管控体系在国内保障农产品质量的效果有限，中国的质量安全问题没有有效解决呢？管控政策的实际效果与预期出现较大的偏差，固然与我国当前该体系不健全、欠完善有关（郑冬梅，2006；李长健，2009；陈幼红，2011；周应恒、王二朋，2013），更重要的原因是因为套用或移植西方发展起来的监管框架管控中国的农产品质量，忽视了国内外农产品质量安全管控要素存在的差异，致使一些国外的质量安全管控政策的本土适应性较差，同样的管控体系在国内难以发挥应有的作用（赵建欣等，2015）。本节将对我国为什么不能套用国外的管控框架进行深入分析。

一　国内外农产品生产主体差异

欧美等发达国家以农场主或现代化的农业企业为农产品的主要生产主体，其所经营的农场生产规模大，组织化程度高。这为农业资料投入管理、良好生产规范的实施、产品质量分级以及农产品质量追溯等有关质量安全管理提供了良好的基础。我国大部分地区以家庭为单位进行农业生产，表现为生产规模小、经营分散、组织化程度低、专业化程度不高的农业生产特征。这种生产特征决定了政府监管部门对一家一户的农产品生产过程进行质量监管难度较大，管控政策的执行成本高昂，甚至诸如标准化生产、良好农业操作规范、产地标识等一些质量安全管控制度无法实施。农户在缺乏强有力约束的前提下和利润最大化目标的驱动下，依靠化肥、农药（甚至高效剧毒农药）、生长促进剂等成本低，增产作用明显、成长周期短的生产资料进行生产成为农户的理性选择。在这样的背景下生产出的农产品存在很大的质量安全隐患。

和我国农产品家庭生产方式相似的国家是日本，但日本的合作社即农协发展早，发育成熟，组织化程度较高。农协为农户供应农业生产资料、提供技术培训，指导农业生产中的田间管理、测土施肥、病虫害防治。日本农协在一定程度上为农户生产过程中的质量安全管理提供了组织保障。近几年我国合作社发展迅速，规范的合作社在保障农产品质量安全方面能发挥一定的作用（卫龙宝等，2005；赵建欣等，2007；李凯等，2015）。尽管到目前我国有近百万家合作社，但合作社的规模小，吸纳农户能力有限。并且，由于合作社决策制度不规范、利益分配机制不合理、农民参与性较低等原因，我国大部分合作社徒有虚名，在保障质量安全方面的作用更是有限。

二　国内外农产品流通主体差异

农产品流通主体的规模和组织化程度影响管控政策的实施效果。发达国家农产品流通主体包括商贸公司、产地批发商、中转批发商、加工企业、零售企业、超市等。这些流通主体经历了上百年市场经济的洗礼，已发育为成熟的市场行为主体和市场竞争主体。一方面，为了增强产品的市场竞争力，流通主体具有控制产品质量的积极性。如美国的大型农产品加工企业，基本上都在实行 HACCP 管理，按良好操作规范进行农产品加工。另一方面，规模大、组织化程度高的流通主体便于监管部门对其进行低成本、高成效的质量管理。如日本进入中央批发市场的流通主体均具有相当的规模，政府对其进行质量安全监管相较于数量多、规模小的主体成本低得多。我国参与农产品流通的主要是经纪人、批发商、零售商贩、加工企业和超市。大规模的批零企业和加工企业所占比例较少，绝大部分以个人和个体家庭参与农产品流通为主。对这种数量多、规模小、空间分散的市场行为主体实施质量管控在操作层面需要付出高昂的监督和执行成本。尽管我国合作社发展迅速，但大部分合作社以生产为主，其流通功能还未能完全实现，当前以合作社作为管控政策实施的载体条件还不成熟。我国农产品加工企业数量众多，但具备一定规模的较少，家庭作坊占有相当大的比例。当前的生产许可制度、强制检验制度和准入制度等质量安全管控制度对家庭作坊管控的效果差强人意。我国的超市一般都经营一定数量的生鲜农产品，部分超市直接从批发市场进货或从田间地头直接向农民购买，农产品质量难以保证。尽管部分超市有生产基地，据笔者调查，这些超市对农产品生产过程没有严格的质量控制措施，只是在最终产品进入超市前进行抽检。

三 国内外农产品生产流通的纵向一体化程度差异

纵向一体化以订单或契约形式，通过物流、资金流、信息流，将农资供应商、农产品生产者、加工企业、批发商、零售商和最终消费者联结成一个紧密的系统。该系统以整体利益最大化为目标，将农产品生产、加工、流通的各个环节纳入质量管理，可以有效预防安全事件发生。即使出现安全事件，由于各环节主体签有订单或事先约定的合同，便于查找责任主体和做出相应处理。通过农业订单将农产品的生产与产前、产后各相关部门联系起来，使农产品供、产、销各个环节的活动协调一致的纵向一体化形式在国外相当普遍，美国等发达国家畜产品的生产流通基本上实现了完全的纵向一体化。纵向一体化有助于降低交易成本，稳定交易环境，便于风险防范管理和追溯制度的有效实施。

我国的纵向一体化程度远远落后于国外。大部分农户生产的农产品以原始产品或简单包装后进入产地批发市场，然后由批发商运往销地批发市场，产销之间一般不存在固定的合作关系。科技推广、农资服务、农产品生产、加工、流通各系统割裂，缺乏提高农产品质量的共同利益诉求。各环节的交易主体因没有任何契约约束而缺乏供给安全农产品的动力。出现质量问题后，根源难查，责任难追究，难以有效保证从农田到餐桌整个链条的质量安全。我国某些农产品采用"龙头企业＋农户"治理模式，这是一种较为松散的纵向一体化形式，由于企业与农户之间缺乏严格的契约约束，农户在利益的驱动下存在隐瞒产品的质量信息的风险，龙头企业为降低成本不采用 HACCP 并降低监督的力度和广度，进而导致产品质量安全存在隐患。在我国的部分农产品领域一些企业选择完全纵向一体化的战略，由于农产品生产和加工场地的专用性投资较强，自然风险和价格风险较高以及受农村耕地的产权约束，在中国致使这种完全一体化形式发展较慢，覆盖面还较窄。

第三节　当前我国农产品质量安全管控的特点

一　分散生产、小规模经营所导致的管控成本高昂

据有关部门统计，我国有 2 亿多农户，40 多万家食品生产企业，300 多万家食品经营主体以及难计其数的小作坊、小摊贩。尽管政府对农产品安全管理付出了很大的努力，广泛建立监测体系，颁布了一系列规章制度，确立了一些质量规范；但是，我国的大部分农产品是以家庭为单位的分散生产，相较于管控机构和监管人员的数量对一家一户进行管控基本上不可能。并且农户分散的家庭生产使一些安全管理措施无法真正落实，比如标准化生产、登记许可管理制度、良好生产规范等。当前我国存在数量众多、规模大小不一的流通主体，它们活跃在田间地头和各地的农产品市场，在农产品流通中发挥着重要作用。但是，囿于行政成本的考量，对每个流

通个体进行质量监管的难度很大，一方面是主体数量多、分散化导致高昂的监督成本，另一方面是它们"散兵游勇"式的经营方式对其高效监管基本上不现实。

二　生产、流通组织化程度较低所导致的管控载体缺位

质量安全管控政策真正发挥功效必须有其实施的组织载体和依托，有其发挥功效的平台。我国农产品生产、流通主体众多，但规模较小、空间分散、组织化程度较低。农户因数量多、规模小导致的高成本致使当前的家庭生产方式不能成为管控的载体。合作社因其发育不成熟和目前较窄的覆盖领域致使合作社生产模式也不能承担起管控载体的重任。总体来看，组织化程度高、纵向一体化程度高的龙头企业和农产品加工企业还相对不足，因此，农户+龙头企业（或加工企业）的产业链模式目前也不能成为农产品质量安全管控的有效载体。尽管学界倡导的基于供应链的组织模式是保障农产品质量安全的重要载体，但是，供应链管理在实践中发展并不乐观，第一，一些生产分散、交易不连续、季节性强的农产品因实施供应链管理成本高昂，这类供应链在实践中缺失；第二，与理论上对供应链的热烈探讨形成鲜明对比的是，实践中因农产品供应链监督成本高昂和追溯手段实施困难而使供应链发动主体严重缺位；第三，农产品供应链上的相关主体诸如合作社、经纪人缺乏参与供应链的积极性；第四，即便有参与供应链意向的农户，现实中也较缺乏融入现代供应链的途径。基于以上分析可以看出，目前我国农产品质量管控载体处于缺位的状态。

三　流通模式的多样化所导致的管控重点不突出、管控低效

当前在我国农产品多种流通模式并存，既有"农户+产地批发市场+销地批发市场+零售商+消费者"和"农户+消费者"的传统模式，也有"农户+加工企业+零售商或超市"、"农户+合作社+销地批发市场+零售商+消费者"、"农户+超市"的现代模式，为了满足高端客户对质量安全的需要还出现了"农业公司+会员（消费者）"、"农场+消费者"的定制模式。农产品的流通模式

不同，流通环节多少和流通渠道长短存在差异，致使农产品质量安全产生的隐患点和关键环节不同。在这种现实背景下，一些农产品质量安全管控的政策就显得泛化和缺乏管控重点，如《农产品质量安全法》，据课题组的访谈，无论是农户、经纪人、批发商还是合作社、加工企业、零售商，都认为对自己的经营行为没有直接影响。管控政策和制度不能管住质量安全问题产生的关键环节，自然不能取得应有的管控成效。

四　现行管控框架所导致的管控主体动力不足

中央政府高度重视质量安全问题，除不断加强立法和颁布一系列规章制度外，管控机构也几经改革重构，但是在我国的现行管控体制下，管控主体对农产品质量安全监管的动力依然不足，一方面是因为在食品监管上中央政府和地方政府行为目标不一致导致的地方政府监管失职。中央政府主要承担食品安全立法、监管机构设置等宏观层面的工作，具体的监管活动由地方政府执行。地方政府为发展当地经济而倾向于保护地方农业和流通业，在缺乏上级部门约束的情况下地方政府相关部门就会出现执法不严，职责懈怠，甚至寻租的现象，使得监管流于形式。监管动力不足的另一个原因是多环节、多部门管理导致的监管部门缺乏管控动力。目前我国实施的是多个部门分段管理，这种管理模式存在的主要问题是部门之间难以协调或协调成本高昂，并且多个部门难以做到无缝衔接管理，甚至为了维护部门利益而节约监管成本，各部门不履行或不严格履行其职责致使监管存在灰色地带。

第九章　中国农产品质量安全
管控的政策选择

我国的农产品质量安全事件屡禁不止，说明问题的出现不是个别现象，而可能是具有体制性和机制性方面的问题，这在一定程度上表明我国农产品管控体系的体系结构和制度设计还存在一定的缺陷和有待完善的地方，需要从系统性、综合性和针对性的角度进行研究和科学设计。本节将基于前面的研究结论，有选择地借鉴发达国家的做法提出我国重构管控框架的思路，以及在此思路指导下的农产品质量安全的管控路径。

第一节　重构管控框架的思路①

安全农产品流通管控的制度设计应立足于我国当前分散的、生产规模较小、专业化程度不高的农业经营形式，农产品流通主体数量多、规模小、组织化程度低的流通现状，以及监管环节多、重点不突出、成本高昂的管控现实，重新思考和构建适合我国国情的管控框架，以提高管控成效，有效解决农产品质量安全问题。笔者认为重构管控框架的主要思路如后文所述。

---

① 赵建欣等：《农产品质量安全管控：国外经验与中国观照》，《农业经济学刊》2015 年第 2 期，社会科学文献出版社 2015 年版。本节部分内容作为阶段性成果已在杂志上公开发表。

一　新的管控框架能解决管控对象分散、管控成本高昂的问题

我国农业的基本国情是人均耕地较少、经营规模较小，大部分农产品是以家庭为单位的分散生产，相较于管控机构和监管人员的数量对每个生产者进行源头监管基本上不可能。并且，农户分散的家庭生产使一些安全管理措施无法真正落实，比如标准化生产、登记许可管理制度、良好生产规范等。当前我国存在数量众多、规模大小不一的流通主体，它们活跃在田间地头和各地的农产品市场，在农产品流通中发挥着重要作用。囿于行政成本的考量，目前的管控制度使得对每个流通个体进行质量监管的难度很大，一方面是因为主体数量多、分散化导致监督成本的高昂，另一方面是因为它们"散兵游勇"式的经营方式对其全面监管基本上不现实（赵建欣等，2015）。

新的管控框架不仅要能够克服监管对象分散、管控成本高昂带来的管控难题，并且能够使管控措施真正落地，取得良好的管控效果。

二　新的管控框架能解决载体缺位、管控措施落实难的问题

质量安全管控政策真正发挥作用需要依托于一定的管控载体。当前我国的现状是：合作社发展不成熟、不规范，加工企业专业化和纵向一体化程度较低，小农户数量多，规模化生产的家庭农场数量少，这在一定程度上使得我国当前农产品质量管控载体缺位。尽管我国颁布了一系列的管控政策，制订了一些提高农产品质量安全水平的措施，但是由于管控载体缺位，使得实施效果并不理想，因此，我们认为新的管控框架应该能够解决在我国农产品生产和流通规模化、组织化程度较低，专业化和产业化程度偏低，纵向一体化程度短期内难以提升的现状下管控载体缺位的难题。

三　新的管控框架能解决重复监管和管控空白并存的问题

目前农产品质量安全监管侧重于流通环节的几个点，比如批发市场、超市、较大规模的零售市场，并且实行的是抽检制度。这种制度构架一方面存在监管的真空地带，比如不通过常规模式流通的农产品，比如抽检中由于人为原因或抽样原因漏检的农产品。另一方面还存在重复监管现象，比如通过传统流通模式"生产者＋产地批发市场＋销地批发市场＋零售商"流通的农产品在两级批发市场可能会重复抽检，如果该批农产品进入超市还可能受到超市和工商部门的检测，造成监管资源的巨大浪费。

监管空白为质量安全问题的产生留下漏洞，重复监管造成管控资源不必要的浪费。科学、合理的管控框架应该是，制度本身没有漏洞和缝隙，各生产、流通主体普遍受到制度的约束，在节约成本的前提下做到对农产品的全面监管，从而保证消费者最基本的食品安全。

四 新的管控框架能避免管控部门间推诿、扯皮的问题

一条产业链如果有多个管控主体进行监管，作为独立监管主体的每一个部门的理性选择必然是：存在利益时都去争取，有工作任务时尽量减少自己的投入成本，遇到问题时相互扯皮，承担责任时相互推卸。新的管控框架应该避免这一问题的出现，使监管主体享有监管权力，同时承担相应的监管责任，权力与责任对等，有内在动力做好监管工作，而不是"不得不"监管。此外，新的监管框架应该避免政府俘获问题的产生，通过制度设计对监管主体的行为有一定约束。

第二节 农产品质量安全管控的路径选择

全面提升农产品质量安全水平是一个长期、复杂、艰巨的系统工程，但是现阶段要保证消费者最基本的食品安全并不是没有可能。若要取得良好的管控效果，所采取的管控措施必须紧密结合中国当前农产品生产和流通的实际，立足我国食品安全治理的现状，有重点、有侧重地借鉴国外发达国家成熟的做法，将监管领域资源高效整合，构建符合中国国情的管控框架，制定切实可行的管控措施。

一　依据流通模式，对每种流通模式中的关键主体进行重点管控

前文对我国的管控体系、管控体制和管控手段进行了梳理，并比较分析了其缺陷、漏洞和与实际脱节的问题，依据我们的调研和在此基础上进行的实证分析结果，我们提出依据流通模式，抓住管控的关键主体进行农产品质量安全管控的思路。由于我国生产主体和流通主体数量众多且规模化、组织化和专业化程度较低，对所有主体进行监管成本高昂，且很难实现全部、全时、无缝隙、无盲点的监管，因此抓住关键主体进行重点监管，把管控资源投入到几个关键主体上，然后通过制度设计促使关键主体去管理它的上下游主体，协调整个流通模式中各主体行为，从而达到通过对点的管控带动整个流通链条上农产品质量安全水平的提高。通过监管核心主体并促使核心主体管控好它经手的农产品，不仅可以破解生产流通主体多、监管难的问题，还同时可以破解管控载体缺位的难题。

对关键主体进行管控的操作性措施如下：

（1）识别每一个流通模式中起主导作用的关键主体。制定科学的指标，比如按经营规模大小、专用性资产投资多少、议价能力强弱、经营时间长短等，确定每一流通模式中起主导作用的关键主体。尽管目前我国有多种农产品流通模式，但在大多数流通模式中都有一个占有绝对优势、对渠道控制力强的主体，如"农户＋批发商＋零售商＋消费者"模式中的关键主体为批发商，"农户＋超市"模式中的关键主体为超市，"农户＋合作社＋零售商＋消费者"模式中的关键主体为合作社或零售商，"加工企业＋批发商＋零售商＋消费者"的模式中起主导作用的是加工企业或批发商。

（2）关键主体到相关管控部门进行备案，管控部门对关键主体实施监管。根据识别条件确定出关键流通主体后，关键主体要到相应的政府管控部门登记、注册。管控部门对在本部门登记的生产流通主体负有监督、管理义务，对检测的每一批产品出具具有法律效力的检测报告，检测报告随着产品的流通向下游环节传递。经检测的产品，下面的政府管控机构不再检测。对于一个模式中有两个甚至两个以上实力相当的主体，遵循上游核心主体检测报告优先原则，位于下游的主体不再检测。下游主体拿着上游主体出具的检测报告可申请免检。只要有一份政府管控部门出具的检测报告即可，下面的政府检测部门不能强制再次检测。此做法的目的一是节约检测成本，二是追责容易。

（3）对于没有明确核心流通主体的流通模式如"农户＋批发市场＋零售商＋消费者"模式，由市场监督管理部门出具经批发市场交易的每一批产品的检测报告，零售商售卖时出示给消费者。对于直接自产自销的农民，必须到零售市场的管理部门申请检测，然后出具检测报告，检测时间和售卖商品时间要有时间段的限制，同一批产品在一定的时间段检测一次就可以。

（4）对于或是规模小、或是固定投资少、或不是常年从事农产品流通、不具备注册条件的生产者和流通商，其经销农产品但是没有相应的管控部门对其进行监管，可令其带着农产品样本到最近的市场监督管理部门的检测室进行检测，自负检测费用，并申请开具检测报告。

（5）对于不在固定市场售卖产品的零售摊贩，由于其流动性强，经营时间和地点不固定，如到城市的早市上销售自己农产品的农民，可由城管部门协助管理，让其到规定场所售卖产品，由就近的零售市场里的市场监督管理部门开具检测报告。如果消费者执意购买没有检测报告的农产品，出现质量安全问题时后果自负。

如果按上述建议设置管控框架，可以使经任何一种流通模式流通的产品在进入餐桌前都经过检测，实现农产品检测的全覆盖，有效避免了检测空白和监管真空并存的问题。

二 由流通模式的关键主体协同上下游主体完成安全农产品流通

根据前文的研究，每种流通模式中的关键主体不同，其安全农产品供给的动力源存在差异，安全农产品供给的动力机制也不完全相同，但是只要动力源存在并发挥作用，关键主体就会协调上下游生产或流通主体的行为，共同完成安全农产品流通。基于此研究结果，我们认为若想提高农产品的质量安全水平，只要给关键主体足够的动力和压力，关键主体会想尽办法管理上下游合作伙伴，以提高整个流通模式中农产品的质量安全水平。根据我们的访谈，虽然每种流通模式的关键主体不同，但对利润的追逐是他们协同整个流通模式供给安全农产品最主要的动力，所以首先要保证关键主体安全农产品供给的利润。政府需创造良好的市场环境，完善农产品价格形成机制，让价格能够充分体现产品的质量安全水平，保证关键主体正常获得供给安全农产品带来的利润。其次，完善不同主体间的利润分配机制，保证其他主体分享供给安全农产品带来的额外收益。只有关键主体享有安全农产品供给的利润，就不能避免其他主体供给不安全农产品，因此，要想保证整个流通模式中产品的质量安全，还必须保证其他主体能够分享供给安全农产品带来的额外收益。这需要设计各个流通主体间科学的利益分配机制。根据我们的调研，实践中可供借鉴的利益分配方式有以下几种：一是价格优惠，即关键主体以高于市场上常规农产品的价格收购安全农产品。二是到期返利，即在约定的时期内，产品若没被检测出质量问题，由关键主体向该流通模式的其他主体返还一定的利润。三是构建关键主体对其他主体不安全供给行为的约束机制。为保证整个流通模式供给安全农产品的可持续性，避免一些主体为了短期利益而产生投机行为，关键主体对上下游主体的制约是必要的。我们调研时发现了一些值得推广的做法，比如事先签订合同，在合同条款中约定违约责任；再比如关键主体扣押一部分货款作为安全农产品供给的保证金。总之，只要保证关键主体安全农产品供给的利益，其他主体又能分享供给安全农产品带来的额外收益，同时关键主体能够有效约束其他主体的不安全供给行为，就能保证一种流通模式整个产业链条的产品质量水平。

　　根据前文的案例分析，外部环境的压力，尤其是来自政府的压力会对安全农产品供给有促进作用，随着压力的增大，还对提高农产品质量安全水平起到主导作用。基于此，加大规制力度在一定时期内可以促使各流通模式改善所供给的农产品质量。需要强调的是，让规制力度作用于一个具体的点，比如某一个关键主体，而不是整个产业链上的所有主体。

　　由于每种流通模式的关键主体不同，其安全农产品供给的主要动力因素不同，所以需要管控主体有针对性地对每条流通模式进行管控。具体分析见第六章每一节中的"管控的着力点"内容。

三　对每种流通模式中的关键主体由一个政府部门进行管控

　　为节约监管资源，避免重复监管，以及管控部门惰于监管、相互推诿的弊端，每一个流通模式只设一个政府监管部门，每一个流通主体只受一个部门监管，因监管失职出现问题，责任由该监管部门承担。实践中具体操作如下：

　　（1）明确流通模式中的关键主体所对应的管控部门。比如：以超市为主导的流通模式中的超市由工商部门监管，以合作社为主导的流通模式中的合作社由农业局监管，以农产品加工企业主导的流通模式中的加工企业由质检部门监管，以公司主导的流通模式中的公司，由工商部门负责监管。经批发市场流通的产品，由工商部门或农业部门监管。批发市场由市场监督管理局监管，监管资源不够时可以聘请第三方对经批发市场流通的农产品进行检测。

　　（2）每一流通模式中的关键主体到自己所属的唯一监管部门注册、登记。流通主体到自己所属的政府管控部门报告自己的资产、业务范围，在管控部门登记在册，以便明确双方的权利和义务。同时，流通主体每年还要登记经销农产品的季节、经营农产品的品种、农产品的来源产地和下游经销渠道，便于管控机构对每一个注册主体进行监管。

　　（3）管控部门出具具有法律效力的检测报告。日常由管控部门对登记的流通商所经销的产品进行常规性检测，并对每个批次产品出具检测报告。下游主体拿着上游主体出具的检测报告可申请免检，也就是说，到零售环节，只需有一份政府管控部门出具的检测报告即可。

（4）零售商依据检测报告销售产品。检测报告随农产品流通向下游传递，最后到零售商手中，零售商售卖农产品时悬挂产品的检测报告，让消费者看到检测机构、检测时间、检测项目，甚至产品的质量安全等级。消费者根据所需产品付出相应的价格。没有标明等级的产品，但各项检测指标均要达到国家所要求的最低标准，消费者在悬挂检测报告的零售商处购买产品能保证最基本的产品质量。

总之，市场上经销的每一批次的农产品都有检测报告，实现农产品进入餐桌前的全覆盖。虽然检测报告出自不同管控部门，但都有权威性和法律效力。只要消费者有异议，并能证实，就能追究出具检测报告的管控部门的责任。

四　设置对政府管控部门进行监督的机构

调研发现，在目前的监管体制中，一方面政府管控部门存在不作为、懒政现象，表现为：管控部门在日常的监管工作中敷衍塞责，消极懒政，以人员有限为借口，仅对占比非常少的部分农产品进行抽检。另一方面农产品流通的很多个环节存在权力寻租现象，例如：在农资销售环节，只要给检查人员一定的好处，就允许销售没有资质厂家生产的农资；在产地批发市场，与政府相关人员熟悉或给一定数量的好处费就可以免检，甚至还可以拿到数据不真实的检测报告；在销地批发市场，尤其是市场经济欠发达地区的销地批发市场，只要一次出几百块钱就能不经检测，不用出具任何材料，直接进入市场销售。为避免上述问题的出现，我们倡导新的管控框架中应设立对政府管控部门进行监督的机构。具体措施如下：

（1）有效利用目前批发市场和零售市场的检测资源，让市场的抽检者充当监督政府管控机构的角色。根据我国现行的《中华人民共和国食品安全法》规定，"食用农产品批发市场应当配备检验设

备和检验人员或者委托符合本法规定的食品检验机构……" 在我国
一些大型农产品批发市场,批发市场的开办者设有检测机构,可以
让该部门充当政府管控机构的监督者。把市场的检测结果与前面政
府管控部门初始的检测证明进行对照,对于检测结果不一致、不随
时间变化而变化的质量指标,由独立于市场和政府管控机构外的权
威检测机构再检测,或由上一级政府管控部门进行检测。若发现管
控部门指标造假问题,向政府管控部门的上一级单位反映。

(2)为避免市场所设的检测部门工作流于形式,或不愿、不敢
揭露政府管控部门存在的问题,或二者达成一致意见或串谋不披露
检测结果,政府可在市场设置快速检测设备,由消费者自行检测,
或申请市场的检测部门进行检测。类似于现在很多零售市场上设立
的公平秤,消费者自行去称重。发现问题,一起追究政府管控部门
和市场检测部门的责任。

(3)在全国各地建立一批农产品质量检测点,在为消费者提供
检测服务的同时验证政府管控部门出具产品质量报告的真实性,形
成对管控部门工作的日常监督。这些检测点可以是社会组织设置,
也可以是消费者所在社区设置,除了为消费者提供消费品质量安全
检验检测服务外,平时还可以宣传产品质量安全信息和产品质量的
鉴别常识。

(4)无论是批发市场的检测部门、消费者自行检测,还是民间
的质量检测点人员,发现检测结果与已有政府管控部门出具的检测
报告不一致,由政府管控机构的上一级机构或由食药监局指定的检
测部门再次检测。找出结果不一致的原因,对出问题的部门追究
责任。

五　强调规制的同时注重发挥激励在管控中的作用

现有的农产品质量管控框架更多地强调规制的作用,规制在一
定程度上确实能对生产和流通行为起到一定的约束作用,保证行为
人在法律框架内生产,但不能调动行为人的主观能动性,经济主体
不会主动提高产品的质量安全水平,而富有针对性的激励则能激发

经济主体供给安全农产品。黄祖辉等（2016）的研究也表明，"以市场为基础的激励政策能有效弥补命令控制政策的监管漏洞，从而更有效地规范农户的施药行为"。据我们对多个农产品生产经营主体的访谈，他们非常清楚质量安全问题的危害，也渴望生产高质量水平的农产品，有的也已经在做。访谈得知，他们中的大部分人仅凭一腔热情，缺乏持续供给的动力。为保证安全农产品供给的可持续性，对于这种主动提高农产品质量安全的行为应该给予适当的激励，避免出现市场机制不健全情况下的"劣币驱除良币"现象。激励类政策需要利用经济利益或品牌宣传等显性回报引导生产者和流通主体供给安全农产品。一方面，国家层面要出台食品安全经济激励政策，构建安全农产品供给的良性预期，另一方面要拿出切实可行的措施对供给者所采取的安全农产品行为给予激励。在实践中的操作性建议如下：

（1）对某个时间段内没检测出问题的流通主体实施奖励。一方面，对农产品大型经销商实行质量履约保证金制度，在某个时期内其经销的农产品若出现质量问题，根据后果的严重程度和危害范围用其保证金的一部分作为罚款。另一方面，若其经销的农产品经管控部门抽检连续合格，可给其一定数额的奖金作为鼓励。奖金的数量可与抽检合格次数或产品的质量安全水平相匹配，总之要保证向市场输送的农产品质量安全水平越高，得到的奖励越多。

（2）对于率先引进和使用安全技术的生产者和流通主体予以奖励。其一，因为低毒、低残留的生物农药价格高于高毒高残留的化学农药，政府可以考虑在农药的销售环节给购买低毒农药的生产者给予适当补贴，避免其因成本问题而施用高残留农药。其二，对于率先推广物理防虫技术和生物杀菌杀虫技术的生产者予以补贴，鼓励安全生产技术的引进；其三，对家庭农场、合作社和农业生产公司自愿减少农药使用量的较大规模的生产主体，给予鼓励和扶持。其四，对于率先引进安全保鲜技术和储存技术的流通主体给予资金支持。

（3）对尽职尽责的管控主体给予表彰奖励。经济生活中的质量管控部门是个独立的决策主体，在履行必要工作职能的同时有自己的逐利取向，比如工作懈怠，比如权力寻租。为激励其提高工作效率，调动其监管的积极性，除了通过第三方监督其日常工作外，对其进行表彰、奖励也不可忽视。对于质检报告连续没有异议的管控主体给予表扬，甚至可以把报告的数量、质量与经济利益挂钩。

六　政府部门应为安全农产品供给多做服务工作

前文的统计分析和模型的实证结果表明，农产品生产者尤其是农户安全农产品供给影响因素中，政府服务对安全农产品供给的影响非常显著。通过调研发现，生产者需要政府提供与安全农产品供给相关的一些服务，政府能够为安全农产品供给提供的服务空间也非常大，目前来看，需要政府所做的服务工作主要集中在四个方面：一是单个生产流通主体靠个人力量无能为力的领域需要政府提供服务；二是能获得正外部性，而单个经济主体因成本问题而不愿意投入，需要政府去开展工作；三是在近期无利可图但能获得长期效益，由于周期长流通主体不愿投入的领域需要政府提供服务；四是政府需要做一些能促进整个社会的消费环境改善的服务工作。具体内容如下：

（1）对农产品的产地环境进行检测，保证农产品生产的大环境安全。农产品生产的环境安全状况，单个经济主体无能为力，这需要政府做一些工作保证大环境安全，如果大环境不适合农产品生产，需要政府强行禁止。具体而言，一是政府相关部门对农产品的灌溉水质进行监测和保护。随着工业化的快速发展，农村的工厂和企业越来越多，一些企业未经任何处理直接把废水排入河道或地下，造成农业灌溉用水的污染。用污染水浇灌的农产品重金属超标问题严重。在农产品集中生产的区域，政府要定期对灌溉水进行监测，保护好灌溉水源。二是检测土壤肥力，保证生产者能够精准施肥，减少盲目施肥行为。我国农业使用化肥有几十年的历史，生产者已经非常习惯使用化肥。调研发现，有相当一部分生产者凭经验施肥，部分生产者还有错误认识，认为施肥越多，产量越高。大量使用化肥不仅造成了当期生产的农产品重金属超标，而且长期过量使用造成土壤板结，肥力下降，不能再种植农产品。政府相关部门应当定期检测土壤肥力，根据检测结果给生产者使用肥料做指导。三是检测大气质量。空气污染不仅影响植物的光合作用，进而减少农产品的产量，而且严重的空气污染还影响产品的质量安全水平。在空气污染严重的地区，大气中含有一些重金属颗粒会落到植物的果实和叶菜上，一些微小颗粒还会被植物体吸收。消费者食用了这样的蔬果，颗粒会富集在身体内，对健康形成潜在危害。基于此，政府相关部门要定期检测大气质量，在空气污染严重的地区，禁止种植叶类蔬菜。

（2）做好病虫害预报，推行病虫害综合防治。病虫害预报和综合防治是单个生产者没办法做到的。政府相关部门开展此项工作不仅可以减少农药使用量，还可以提高病虫害的防治效果。虽然农业部门的职能里明确规定，病虫害预报与防治是农业部门的职责，但据我们调研，基层农业部门做这一项工作的并不多见，他们的解释是，由于分散生产，种植品种多样，病虫害预报工作没法开展。实际上，现在农产品生产的区域化非常明显，即一定的地域范围内只种一种农作物。就蔬菜而言，很多地区是一村一品、一镇一品。很多地方形成大面积的农产品生产基地，这为病虫害预报和综合防治提供了条件。政府部门可设病虫害预报的办公室，或聘请专业的技术人员检测病虫害情况，并及时发布，从而提高生产者的防病防虫能力，减少农药的使用量，提高产品的质量。有条件的地方可以由政府部门进行病虫害的综合防治，以提高防治效果。

（3）基层农业部门结合当地农产品种植情况，定期开展对生产者的安全生产的培训和现场指导。前文的实证结果表明对生产者进行技术培训和指导有利于提高农产品的质量安全水平。受自身文化素质、经济条件和信息的制约，生产者主动去学习安全生产技能不太现实，我们认为提高其技能最直接、最见效的方法是现场培训和指导。以我们调研时观察到的现实为例，现场培训生物农药的配置方法、施用过程和注意事项，指导农户使用植物生长调节剂时对时间的控制和量的把握，指导农药使用者有计划地轮换使用农药，可以减缓有害生物的抗药性，这些做法使生产者很快学习和掌握安全生产的技能。

（4）定期对各生产流通主体进行质量安全法律、法规的宣传、教育，提高他们的安全意识。根据我们的调研，针对生产主体的法律，有近一半的人不知晓内容，一半以上的样本听说过农药残留限量标准，但针对某种常用农药再问具体的标准时，绝大部分样本生产者回答不上来。不了解法律法规的具体内容，法律又如何对其行为起到规范和约束作用？这充分说明日常对法律的宣传力度不够，对生产者的安全生产教育更是欠缺。对生产者进行安全教育可从几下几方面着手：①大力宣传《中华人民共和国农产品质量安全法》、《中华人民共和国食品安全法》等法规，提高生产者和流通主体的法律意识，知晓法律内容，了解违法后果，明白其行为会受到法律约束。②定期宣传和生产者生产行为息息相关的《农药安全使用规定》、《农药管理条例》《食品安全国家标准 食品中农药最大残留限量 GB2763－2016》《肥料管理条例》、"植物生长调节剂"的正确使用。通过宣传，提高农民科学施肥意识、强化农民安全用药意识，增强合理使用激素意识，从而达到改善安全生产行为的目的。③对流通主体宣传农产品的科学保鲜方法、科学的储藏技术。目前一些流通商为控制生鲜农产品在运输过程中腐败变质，在运输前用农药或对身体伤害很大的强酸类药剂作为防腐处理手段，虽然避免了运输过程中的腐烂，但对于降解较慢的有害物质却对消费者健康产生影响。针对此现象，政府要大力宣传和倡导科学的保鲜和储藏方法，倡导和鼓励流通商引进无危害的保鲜技术。

（5）加强农产品安全技术的研发、推广与应用。应用安全技术生产农产品和储存农产品是提升农产品质量安全的一个有效途径。虽然一些农产品生产企业有自己的研发部门，或是与研究机构合作，但他们的研发目标更多的是侧重于如何提高农产品产量，改善外观品质，或是错季节上市，从而获得更多的利润。而安全生产技术的研发、推广与应用则需要政府去做，或是提供一定的资金支持研发机构去做。一是政府鼓励研发企业、科研机构增强对农产品生产的科技服务能力，为安全农产品生产、流通提供必要的技术支撑。如大力研发生物防治技术、物理杀菌防虫技术、综合防治技术，利用先进的农业技术来防治农作物病虫害，降低过量使用农药带来的毒副作用。再如，加大保鲜技术、冷链物流技术和储存技术的研发，在提高流通效率的同时不断促进农产品品质的提升。二是以必要的资金支持安全生产技术的推广。一项新技术被生产者接受并不是一朝一夕的事情，尤其是成本远远高于当前的新技术，生产者更不愿意采纳。对此，在技术推广阶段，政府应给予技术采用者适当的补贴，促进技术快速推广，加快旧技术的淘汰过程。三是把新技术率先应用的区域作为示范区，进行宣传，推动技术的大面积快速应用。以农药为例，大面积推行生物农药的应用，而不是目前所采取的强制生产者禁用高毒、高残留农药。

（6）加强对消费者的安全教育。对消费者的安全教育分两个方面，一是提高消费者的安全消费意识，二是提高消费者的维权意识。在调研中发现，有些消费者尤其是一些老年消费者过分注重产品价格，忽视低价劣质产品对身体的潜在危害，在一定程度上纵容了劣质农产品市场的存在。整个国家的农产品质量安全水平若提升一个档次，须不断普及质量安全知识，提高消费品质量安全意识，引导科学消费、理性消费、绿色消费。为此，政府应该在更广阔的时空范围内，利用大众传媒将安全教育内容传播给消费者。提高消费者维权意识，鼓励消费者发现不安全农产品存在时向相关部门举报，自己的权益受到侵害时要勇于维权，而不是息事宁人。政府应当给消费者提供多种便捷的维权渠道，让消费者成为全社会安全农产品供给的一股重要拉力。

附　　录

附录1　农户安全蔬菜生产行为调查问卷[①]

一　农户基本情况调查

1. 请填表

年龄	性别	受教育年限（年）	家庭人口数	种菜劳动力人数	种菜年限	耕地面积	蔬菜种植面积

2. 您家去年总收入大约 _____ 元，蔬菜种植投入大约 _____ 元。

3. 您种植的蔬菜有（　　　）类，您为什么选择这些蔬菜（　　　）

（1）收入较高　　　　（2）有技术优势　　（3）有人收购

（4）种植传统　　　　（5）节省劳力　　　（6）其他 _____

4. 您在蔬菜生产和销售过程中遇到的风险有（　　　）

（1）自然灾害　　　　（2）成本太高　　　（3）产量下降

---

① 赵建欣：《农户安全蔬菜供给决策机制研究》，博士学位论文，浙江大学，2008年，第177—182页。

（4）价格不稳定　　　（5）销售困难　　　（6）假农药假肥料

（7）检测到农药超标 （8）其他_____

二　生产行为与意愿调查

5. 您如何确定使用什么农药？

（1）根据经验　　　（2）根据说明书　　　（3）听卖药人推荐

（4）听技术推广人员介绍　　　　　（5）其他

6. 您按什么配置农药？

（1）严格按说明书

（2）比说明书要求的多一倍

（3）病虫害严重时会更多使用

（4）凭经验

7. 您听说过农药的休药期（或安全间隔期）吗？

（1）知道　　　（2）不知道

如果知道，您是否执行农药的间隔期？

（1）严格执行　　　（2）偶尔执行　　　（3）从不执行

8. 您习惯使用见效快的高毒化学农药还是使用见效慢的生物农药？

（1）化学农药　　　（2）生物农药

（3）视病虫害情况而定

9. 您习惯使用一种类型的农药还是交替使用不同类型的农药？

（1）使用同种类型的农药

（2）交替使用

10. 您认为小麦、玉米、水稻或棉花的专用农药可以用在蔬菜上吗？

（1）可以　　　（2）不可以　　　（3）不知道

您用过吗？

（1）用过　　　（2）未用过

11. 您认为施用化肥和粪肥有区别吗？

（1）有区别　　　（2）无区别　　　（3）不知道

您如何确定氮肥的使用量？

（1）按以前的习惯　　（2）按规定用量　　（3）随意使用

12. 您经常使用蔬菜复合肥吗？

（1）经常使用　　　　（2）偶尔使用　　　（3）从不使用

13. 您经常使用有机肥吗？

（1）经常使用　　　　（2）偶尔使用　　　（3）从不使用

若您经常使用，使用前经无害化处理吗？

（1）处理　　　　　　（2）偶尔处理　　　（3）从不处理

14. 您是否实行蔬菜的轮作制？

（1）一直实行　　　　（2）偶尔实行　　　（3）从未实行

15. 您是否引进过安全生产技术（如抗病虫害品种、防虫网、黄板诱杀技术、杀虫灯等）？

（1）从未引进　　　　（2）引进一项　　　（3）引进两项

（4）引进三项及以上

16. 您经常使用促进果实成熟、促进茎叶生长、提高蛋白质含量、提高糖含量、形成无籽果实等功能的植物调节剂吗？

（1）使用过两种以下　（2）使用 3—5 种

（3）使用过 5 种以上　（4）未使用过

17. 您生产的蔬菜采摘后经过什么样的处理才销售？

（1）清洗　　　　　　（2）筐装　　　　　（3）捆扎

（4）小包装　　　　　（5）初加工　　　　（6）其他_____

18. 蔬菜采摘后您是否用化学品采取保鲜？

（1）一直采用　　　　（2）偶尔采用　　　（3）从未采用

三　交易方式调查

19. 您把采摘后的蔬菜主要销往（　　　）

（1）批发市场　　　　（2）贩销商　　　　（3）合作社

（4）加工企业　　　　（5）超市　　　　　（6）农贸市场

（7）其他_____

根据您蔬菜的主要销路做下面相应的选择

19.1 批发市场对您的蔬菜有检测措施吗？

（1）一直有　　　（2）经常有　　　（3）偶尔有

（4）基本没有　　（5）从来没有

19.2 贩销商对蔬菜质量有要求吗？

（1）一直有　　　（2）经常有　　　（3）偶尔有

（4）基本没有　　（5）从来没有

19.3 蔬菜生产过程中合作社提供技术服务吗？

（1）一直有　　　（2）经常有　　　（3）偶尔有

（4）基本没有　　（5）从来没有

19.4 您和加工企业是什么关系？

（1）一次性交易关系

（2）经常交易但没签合同

（3）按合同交易

加工企业对蔬菜质量有要求吗？

（1）一直有　　　（2）经常有　　　（3）偶尔有

（4）基本没有　　（5）从来没有

19.5 您和超市是什么关系？

（1）一次性交易关系 （2）经常交易但没签合同

（3）按合同交易

超市对蔬菜质量有要求吗？

（1）一直有　　　（2）经常有　　　（3）偶尔有

（4）基本没有　　（5）从来没有

20. 您销售的蔬菜包装情况（　　　）

（1）自己包装，包装物上没有产地标注

（2）自己包装，包装物上有产地标注

（3）按购买商的要求统一包装

若购买商提供统一包装，包装物上是否标注产地（　　　）

（1）标注自己的产地 （2）标注其他地区产地

（3）无标注

21. 购买商要求您提供施药和施肥记录吗?

(1) 要求　　　　　　(2) 不要求

22. 您平时记录蔬菜的施药、施肥情况吗?

(1) 记录　　　　　　(2) 不记录

23. 您认为蔬菜卖出去后,购买商还能确定哪些是您生产的蔬菜吗?

(1) 能确定　　　　　(2) 不能确定

四　经济因素

24. 您认为生产质量安全的蔬菜会增加成本吗?

(1) 会增加　　　　(2) 不会增加　　　　(3) 不知道

安全蔬菜生产的成本对您供给安全蔬菜有影响吗?

(1) 影响很大　　　(2) 有影响　　　　(3) 一般

(4) 基本无影响　　(5) 完全无影响

25. 您认为提高蔬菜质量安全水平有利于提高您的预期收入吗?

(1) 十分有利　　　(2) 有利　　　　　(3) 一般

(4) 基本无利　　　(5) 完全无利

26. 您认为质量安全的蔬菜与不安全的蔬菜价格有区别吗?

(1) 有区别　　　　(2) 基本无区别　　(3) 完全无区别

27. 您认为无公害蔬菜比普通蔬菜销路好吗?

(1) 销路好　　　　(2) 基本无区别　　(3) 完全无区别

28. 购买农药时您最关注

(1) 农药的价格　　(2) 农药的药效　　(3) 农药的残留

(4) 购买是否方便　(5) 其他_____

29. 如果"绿色农药"高效低毒、对蔬菜污染少但价格高,您会购买吗?

(1) 会　　　　　　(2) 不会

五　农户认知

30. 您平时关注蔬菜质量安全吗?

(1) 十分关注　　　(2) 比较关注　　　(3) 一般

（4）不太关注　　　　（5）从不关注

31. 您认为当前社会蔬菜质量安全问题严重吗？

（1）十分严重　　　　（2）很严重　　　　（3）一般

（4）不太严重　　　　（5）不严重

32. 您认为食用了用过化学农药的蔬菜对身体有影响吗？

（1）有影响　　　　　（2）基本无影响　　（3）无影响

（4）不知道　　　　　（5）视情况而定

33. 您认为使用农药对环境有影响吗？

（1）有影响　　　　　（2）基本无影响　　（3）无影响

（4）不知道　　　　　（5）视情况而定

六　政府服务与规制

34. 近三年当地政府有没有提供与蔬菜安全生产相关的培训？

（1）很多　　　　　　（2）有一些　　　　（3）偶尔有过几次

（4）基本没有　　　　（5）从来没有

35. 当需要时，您能得到安全生产的指导吗？

（1）任何时候都能得到

（2）大多数时候能得到

（3）一般能得到

（4）偶尔能得到

（5）不能得到

36. 当地有关部门是否进行过病虫害的预测预报？

（1）很多　　　　　　（2）有一些　　　　（3）偶尔有过几次

（4）基本没有　　　　（5）从来没有

37. 当地政府是否实行统一的病虫害防治？

（1）很多　　　　　　（2）有一些　　　　（3）偶尔有过几次

（4）基本没有　　　　（5）从来没有

38. 您听说过《中华人民共和国农产品质量安全法》吗？

（1）听说过　　　　　（2）没听说

答（1）请回答：您认为它对您的生产有影响吗？

（1）影响很大　　　　（2）影响较大　　　　（3）一般

（4）影响较小　　　　（5）没有影响

39. 您听说过《农药残留限量标准》吗？

（1）听说过　　　　　（2）没听说

答（1）请回答：您认为它对您的生产有影响吗？

（1）影响很大　　　　（2）影响较大　　　　（3）一般

（4）影响较小　　　　（5）没有影响

40. 蔬菜生产过程中政府有关部门到您家菜地中进行过几次检查？

（1）很多　　　　　　（2）有一些　　　　　（3）偶尔有过几次

（4）基本没有　　　　（5）从来没有

41. 市场检测机制对您的蔬菜生产有影响吗？

（1）影响很大　　　　（2）影响较大　　　　（3）一般

（4）影响较小　　　　（5）没有影响

附录 2　农产品经纪人或批发商访谈提纲

一　基本情况

年龄_____；文化程度_____；从业时间长短_____；长年经营还是季节性的_____。

二　收购环节

1. 您是如何与生产者联系的？

2. 随机交易还是签合同？

3. 收购价格如何定？

4. 对收购品有哪些要求？

5. 是否提供包装？

6. 包装上是否有产地名称？

7. 出现问题能否找到生产者？

8. 收购产品时最注重什么？

9. 是否关注产品的生产过程？

三　销售环节

1. 收购的产品销往何处？

2. 已联系好买家还是收购后再寻找买家？

3. 直接和产地批发市场联系还是通过经纪人联系？

4. 和买家是长期合作关系还是临时关系？

5. 交易是在市场进行还是在地头进行？若在市场，是否还会产生费用？由谁承担？

6. 自己挣差价还是提取佣金？

7. 面临的风险有哪些？

8. 买家最看重产品的什么？

9. 买家对包装有什么要求？包装上是否有产地名称？

四　质量要求

1. 您认为农产品的质量让人放心吗？

2. 您认为农产品的质量安全隐患有哪些？

3. 您收购产品时是否关注产品的质量？

4. 价格差别能体现产品的质量安全水平吗？

5. 您所经手的农产品都要经过安全检测吗？经过了哪些部门的检测？

6. 农产品质量的高低对您的经营有影响吗？

7. 您认为如何才能保证农产品的质量？

附录 3　超市访谈提纲

1. 超市名称＿＿＿＿＿＿＿＿；性质＿＿＿＿；成立时间＿＿＿＿。

2. 生鲜农产品摊位面积＿＿＿＿＿，人员数量＿＿＿＿，其中质量安全管理人员有＿＿＿＿＿＿人。

3. 超市的供货渠道都有哪些？选择供货渠道的因素有哪些？质量安全性是否为其中重要因素之一？

4. 采购生鲜农产品时是否有标准？分别是什么标准？

5. 农产品在采购时是否进行质量安全检测？如果有，进行了哪些检测？

6. 贵超市的生鲜农产品有没有明确的农产品安全追溯链条？若未建立，原因是什么？

7. 蔬菜、肉类、海鲜分别会选择何种运输方式？不同种类的农产品在运输过程中的保鲜方式有哪些？

8. 超市生鲜农产品的运输是自备物流？农产品供应商物流？第三方物流？

9. 贵超市经销的生鲜蔬果有没有绿色、有机、无公害种类的区分？如果有，该种类的利润与普通农产品的利润孰高孰低？如果没有，为什么？

10. 超市是否有检测设备和检测人员？目前超市拥有质量安全检测和控制的技术有哪些？其成本比重大约占销售额的多少？质量安全检测的难度是什么？

11. 政府部门是否对超市经销的农产品进行检测？大概多长时间检测一次？

12. 是否接到过消费者有关农产品质量安全的投诉？是怎么解决的？

13. 销售成本中，质量安全控制的成本占比大概有多少？

14. 现阶段，农产品质量安全控制管理的难点在哪里？

附录4　农产品加工企业访谈问卷

1. 加工企业名称＿＿＿＿＿＿＿＿＿＿＿＿；性质＿＿＿＿＿＿；企业

成立时间_____；主要生产加工的农产品品种是_____。贵企业有_____人，其中质量安全管理人员_____人。

2. 加工企业所需产品来自（　　）

A. 自有基地　　　　　　　　B. 专业合作社

C. 农户　　　　　　　　　　D. 其他_____

3. 加工企业是否拥有自己的农产品品牌_____，品牌名称_____。

4. 加工企业的产品主要销往_____

5. 加工企业原材料配送由哪一方完成？（　　）

A. 企业自有运输队　　　　　B. 供应者自有运输队

C. 第三方物流　　　　　　　D. 其他（请注明：　　　）

6. 加工企业是否通过了产品认证和质量安全认证（　　），通过了什么认证（　　）

A. 无公害　　　　　　　　　B. 绿色其他

C. 有机产品认证　　　　　　D. ISO

E. GAP　　　　　　　　　　F. GSP

G. HACCP　　　　　　　　　H. QS

7. 加工企业与原材料的供应者是怎样的关系？（　　）

A. 一次性交易　　　　　　　B. 签订购销合同

C. 原料的供应者是企业的员工

8. 加工企业提高产品质量，避免质量安全问题存在的原因是什么？（　　）

A. 达到市场对品质的要求　　B. 获得更多的利润

C. 保护自己的品牌　　　　　D. 维持竞争优势

9. 企业在保证质量安全方面的控制点是什么？（　　）

A. 种子统一购销

B. 化肥、农药等投入品统一采购

C. 生产过程控制

D. 包装控制

10. 下游交易伙伴是否对产品质量有要求？是否进行检测？

11. 企业通过什么措施保证农产品质量？

12. 企业是否愿意提高产品质量，为什么？

13. 怎样才能让企业提高供给产品的质量安全水平？

附录5　合作社访谈提纲

1. 合作社名称_____，成立时间_____，社员数量_____，经营农产品的品种_____。

2. 合作社产品的销售渠道有哪些？

3. 合作社和社员的关系？（分红？返利？还是产品买卖关系，合作社挣差价？）

4. 合作社对生产过程中投入品的使用有要求吗？比如种子、施肥、用药？

5. 合作社是否对社员进行安全生产质量管理方面的培训？如何进行？

6. 合作社是否向社员提供统一服务？具体包括哪些内容？

7. 合作社是否通过了质量安全管理认证？

（1）是　　　　　　　（2）否

若"是"，通过了哪些认证？

（1）无公害农产品认证

（2）绿色农产品认证

（3）有机农产品认证

（4）ISO 系列

（5）GAP（良好农业规范）

（6）HACCP（危害分析与关键控制点）

（8）GMP（良好操作规范）

（9）QS（质量安全）

（10）其他_____

8. 合作社在保证质量安全方面的控制点是：

（1）无控制

（2）种植前地理条件的检验

（3）生产过程中投入品的控制

（4）销售前自检

（5）产品送检

（6）保存生产记录

（7）其他_____

9. 贵合作社出现过质量安全方面的问题吗？

（1）出现过　　　　（2）没有

10. 贵合作社如何保证产品的质量？

11. 合作社对农产品生产过程是否有管理和监督？是如何进行的？

12. 对产品不符合要求的社员是否有惩罚措施？具体是什么？

13. 合作社有没有什么制度来保证社员提供优质农产品？

14. 您认为提高产品的质量安全水平对合作社是否重要？为什么？

附录 6　农产品经营公司访谈提纲

1. 请问贵公司（企业）什么时间成立？是一家什么性质的企业？

2. 公司规模多大？职工数量？种植面积？（或养殖数量？）年销售额？

3. 公司是自己生产还是外包给其他生产者生产？

4. 如果是外包给其他生产者，公司是如何控制产品质量的？

5. 公司有无自己专业的植保等技术人员？

6. 企业在保证产品质量安全方面的控制点是什么？（请详细介绍）

7. 产品的销售渠道有哪些？

8. 公司下游的经销商是否对产品质量进行检验？若检验，您认为检验对生产有影响吗？

9. 贵公司是否愿意提高产品的质量安全水平？为什么？

10. 提高产品质量的障碍因素有哪些？

11. 公司是否通过了质量安全管理认证？若是，请问通过了哪些认证？

12. 贵企业出现过质量安全方面的问题吗？

（1）出现过　　　　（2）没有

13. 贵公司所经营的产品市场竞争激烈吗？贵公司一般采取什么竞争策略？

14. 询问公司老板、部门经理、专业技术人员以及营销人员对质量安全问题的看法。

附录7　农药经销商（农资售卖店）的访谈提纲

1. 您经销农药有多长时间：_____，到您这里购买农药的人是本村的，还是周围村的都有？_____。

2. 同种功能的农药您一般经销几种？您是如何决定的？同种功能的农药每年经销相同的品牌还是不同的品牌？

3. 听说过绿色农药、生物农药、植物农药吗？从哪里听说的？现在哪种类型的农药销售最好？为什么？

4. 您如何了解农药的性能？凭经验，还是凭推销农药的业务员介绍？

5. 村民来购买农药时最看重什么？价格？药效？施用的方便程

度？其他_____

  6. 您给村民推荐农药吗？您推荐的依据是什么？

  7. 您认为每一年村民购买农药有什么变化吗？

  8. 您认为国产农药和进口农药区别体现在哪些方面？

  9. 村民经常向您咨询农药的喷施办法吗？

  10. 植物生长调节剂售卖情况如何？

  11. 添加了植物生长调节剂的复合肥料销售状况好，还是单纯的肥料销售状况好？您经常推荐村民使用复合肥料吗？

  12. 有政府部门到您的药店检查吗？大概多长时间一次？检查的项目是什么？

附录8　蔬菜零售商访谈提纲

一　基本情况调查

年龄	性别	受教育年限（年）	家庭人口数	从事卖菜人数	卖菜年限	每天销售额	摊位面积

二　访谈问题

1. 您从哪里进货？有几个渠道？

2. 您进货时都关心什么问题？最关心什么？

3. 进货时是否知道产品的产地？同一种货品您关心产地吗？

4. 您对货品的质量安全水平是否放心？

5. 带包装的菜品有质量安全标识吗？您认识几种质量安全标识？

6. 从您这里购买蔬菜的消费者最关心什么？

7. 有消费者问过您蔬菜的质量安全问题吗？

8. 您经销的蔬菜的进货价格和销售价格是如何制定的？

9. 蔬菜价格和质量之间有关系吗？

10. 您认为蔬菜质量安全问题严重吗？

11. 您所在的市场出现过质量安全事件吗？

12. 有政府部门或其他部门检查过您经销蔬菜的质量吗？若检查，大概多长时间一次？这种检查对您有影响吗？

13. 您认为怎样才能提高蔬菜的质量安全水平？

附录9 农产品管控部门的访谈提纲

1. 贵部门对农产品的哪个环节进行监督管理？

2. 贵部门质量安全管理人员的数量有多少？

3. 贵部门质量安全投入的资金有多少？资金来源有哪些？

4. 日常质量安全管理工作开展情况？

5. 贵部门管控的手段有哪些？

6. 贵部门管控的具体措施有哪些？

7. 在贵部门监管的领域中主要存在的质量安全问题有哪些？

8. 一个自然年度内大概能查出多少起质量安全事件？是如何处理的？

9. 您认为在监管过程中的难点是什么？

10. 您认为目前的监管部门分工、设置合理吗？说明理由。

11. 您认为怎样才能提高监管的有效性？

12. 您认为怎样才能整体提高农产品的质量安全水平？

参考文献

［美］埃里克·弗鲁伯顿、［德］鲁道夫·芮切特：《新制度经济学——一个交易费用分析范例》，姜建强、罗长远译，上海三联书店 2015 年版。

［美］贝塔朗菲：《一般系统论的历史和现状》，清华大学出版社 1972 年版。

［美］科斯、阿尔钦和诺斯：《财产权利与制度变迁》，刘守英等译，上海人民出版社 2004 年版。

［美］威廉姆森：《资本主义经济制度》，段毅才、王伟译，上海商务印书馆 2002 年版。

陈金玲：《我国流通领域食品经营者的食品安全法律规制研究》，《宏观经济研究》2017 年第 2 期。

陈幼红：《完善并夯实农产品质量安全监管体系的探索——以浙江省为例》，《消费经济》2011 年第 27 卷第 3 期。

崔卓兰、赵静波：《我国食品安全监管法律制度之改革与完善》，《吉林大学社会科学学报》2012 年第 4 期。

郝英奇、刘金兰：《动力机制研究的理论基础与发展趋势》，《暨南学报》2006 年第 6 期。

胡定寰、陈志钢、孙庆珍等：《合同生产模式对农户收入和食品安全的影响——以山东省苹果产业为例》，《中国农村经济》2006 年第 11 期。

黄祖辉、钟颖琦、王晓莉：《不同政策对农户农药施用行为的影响》，《中国人口·资源与环境》2016 年第 26 卷第 8 期。

贾履让、张正中：《中国流通产业及其运行》，中国物资出版社 1998 年版。

金发忠：《关于我国农产品检测体系的建设与发展》，《农业经济问题》2004 年第 1 期。

李炳昕、许国栋、王志刚：《韩国食品安全的制度法规与认证体系及其对我国的启示》，《宏观质量研究》2015 年第 3 期。

李长健：《中国农业补贴法律制度的具体设计——以生存权和发展权平等为中心》，《河北法学》2009 年第 27 卷第 9 期。

李凯、周洁红、陈潇：《集体行动困境下的合作社农产品质量安全控制》，《南京农业大学学报》2015 年第 7 期。

李太平、祝文峰：《生鲜农产品质量安全监管力度研究》，《江苏社会科学》2017 年第 2 期。

李勇、任国元、杨万江：《无公害农产品交易特性及其规制》，《中国农村经济》2004 年第 2 期。

李志平：《现代服务业集聚区形成和发展的动力机制研究》，博士学位论文，上海同济大学，2008 年。

林毅夫：《制度、技术与中国农业发展》，上海人民出版社 2005 年版。

刘玉满：《提高乳品质量安全需要奶业科学发展——"三鹿问题奶粉"事件引起的反思》，《中国动物保健》2009 年第 2 期。

茆志英：《以产业源头为重点的食品质量安全控制研究——基于产业组织视角》，博士学位论文，中国农业大学，2015 年。

钱学森、于景元、戴汝为：《一个科学的新领域——开放的复杂巨系统及其方法论》，《自然杂志》1990 年第 13 卷第 3 期。

曲芙蓉、孙世民、宁芳蓓：《论优质猪肉供应链中超市的质量安全行为》，《农业现代化研究》2010 年第 31 卷第 5 期。

施晟、卫龙宝：《"农超对接"进程中农产品供应链的合作绩效与剩余分配——基于"农户＋合作社＋超市"模式的分析》，《中国农村观察》2012 年第 4 期。

孙德超、孔翔玉：《发达国家食品安全监管的做法与启示》，《经济纵横》2014 年第 7 期。

孙世民、彭玉珊：《论优质猪肉供应链中养殖与屠宰加工环节的质量安全行为协调》，《农业经济问题》2012 年第 3 期。

田新霞、赵建欣：《国内外农产品质量安全管控比较：理念、体系与制度》，《河北学刊》2016 年第 1 期。

汪普庆、周德翼：《"合同农业"对保障农产品质量安全的机制探析》，《西北农林科技大学学报（社会科学版）》2007 年第 9 期。

王建华、马玉婷、刘茜等：《农业生产者农药施用行为选择逻辑及其影响因素》，《中国人口·资源与环境》2015 第 25 卷第 8 期。

王可山、李凤宾、李秉龙：《农产品质量安全问题的经济分析与政府监管研究》，《农业环境与发展》2005 年第 12 期。

王世表、阎彩萍、李平等：《水产养殖企业安全生产行为的实证分析——以广东省为例》，《农业经济问题》2009 年第 3 期。

王耀忠：《食品安全监管的横向和纵向配置——食品安全监管的国际比较与启示》，《中国工业经济》2005 年第 12 期。

王玉环、徐恩波：《论政府在农产品质量安全供给中的职能》，《农业经济问题》2005 年第 3 期。

王志刚、于法稳、贾丹等：《农产品质量安全检测运行机制：来自韩国批发市场的启示》，《生态经济》2006 年第 12 期。

卫龙宝、卢光明：《农业专业合作组织实施农产品质量控制的运作机制探析》，《中国农村经济》2004 年第 7 期。

吴宪和、陈顺霞：《流通经济学教程》，上海财经大学出版社 2000 年版。

夏英、宋伯生：《食品安全保障：从质量标准体系到供应链综合管理》，《农业经济问题》2001 年第 11 期。

夏勇祥、彭巨水：《基于供应链视角的农产品质量管理》，《学术月刊》2009 年第 8 期。

徐金海：《政府监管与食品质量安全》，《农业经济问题》2007 年第
　　11 期。

徐晓新：《中国食品安全：问题、成因、对策》，《农业经济问题》
　　2002 年第 10 期。

许国发：《系统科学》，上海科技教育出版社 2000 年版。

杨青松：《农产品流通模式研究——以蔬菜为例》，博士学位论文，
　　中国社会科学院，2011 年。

袁文艺：《食品安全管制制度的国际比较及启示》，《湖北行政学院
　　学报》2012 年第 4 期。

展进涛、徐萌、谭涛：《供应链协作关系、外部激励与食品企业质
　　量管理行为分析——基于江苏省、山东省猪肉加工企业的问卷
　　调查》，《农业技术经济》2012 年第 2 期。

湛垦华、孟宪俊、张强：《涨落与系统自组织》，《中国社会科学》
　　1989 年第 4 期。

张春林、董德宽：《关于食品的安全质量控制体系及其认证》，《乳
　　业科学与技术》2002 年第 4 期。

张锋：《农产品质量追溯体系建设现状与问题对策》，《中国农学通
　　报》2012 年第 10 期。

张五常：《"企业的合约性质"——张五常英文论文选》，中信出版
　　社 2012 年版。

张耀钢、李功奎：《农户生产行为对农产品质量安全的影响因素分
　　析》，《生产力研究》2004 年第 6 期。

张云华、孔祥智、罗丹：《安全食品供给的契约分析》，《农业经济
　　问题》2004 年第 8 期。

赵建欣：《农户安全蔬菜供给决策机制研究》，博士学位论文，浙江
　　大学，2008 年。

赵建欣、刘东英、赵永刚：《我国安全农产品流通：一个总体框
　　架》，《中国流通经济》2014 年第 11 期。

赵建欣、王俊阁：《农民专业合作组织农产品质量控制机制分

析——基于浙江临海合作社的调查》，《农业经济》2010 年第
3 期。

赵建欣、尹彦罡、孙永珍：《农产品质量安全管控：国外经验与中
国观照》，《农业经济学刊》2015 年第 2 期。

郑冬梅：《完善农产品质量安全保障体系的分析》，《农业经济问题》
2006 年第 11 期。

周德翼：《食物质量安全管理中的信息不对称与政府监管机制》，
《中国农村经济》2002 年第 6 期。

周洁红：《农户蔬菜质量安全控制行为及其影响因素分析——基于
浙江省 396 户菜农的实证分析》，《中国农村经济》2006 年第
11 期。

周洁红：《蔬菜质量安全可追溯体系建设：基于供货商和相关管理
部门的二维视角》，《农业经济问题》2011 年第 1 期。

周洁红、陈晓莉、刘清宇：《猪肉屠宰加工企业实施质量安全追溯
的行为、绩效及政策选择——基于浙江的实证分析》，《农业经
济问题》2012 第 8 期。

周洁红、胡剑锋：《蔬菜加工企业质量安全管理行为及其影响因素
分析——以浙江为例》，《中国农村经济》2009 年第 3 期。

周洁红、黄祖辉：《食品安全特性与政府支持体系》，《中国食物与
营养》2003 年第 9 期。

周洁红、钟勇杰：《美国蔬菜质量安全体系及对中国的政策启示》，
《世界农业》2006 年第 1 期。

周应恒、耿献辉：《信息可追踪系统在食品质量安全保障中的应
用》，《农业现代化研究》2002 第 23 卷第 6 期。

周应恒、霍丽玥：《食品质量安全问题的经济学思考》，《南京农业
大学学报》2003 年第 3 期。

周应恒、王二朋：《中国食品安全监管：一个总体分析框架》，《改
革》2013 年第 4 期。

周英恒、王二朋：《优化我国食品安全监管制度：一个分析框架》，

《南京农业大学学报（社会科学版）》2012 年第 12 卷第 4 期。

庄二平：《食品安全视角下我国农产品绿色供应链管理浅探》，《农业经济》2014 年第 2 期。

Akerlof, G. A. , "The market for lemons: quality uncertainty and the market mechanism", *The Quarterly Journal of Economics*, Vol. 84, No. 3, 1970.

Antle, J. & Crissman, C. , " Risk, efficiency, and the adoption of modern crop varieties: Evidence from the Philippines", *Economic, Social and Cultural Change*, Vol. 38, No. 4, 1990.

Bayard, B. & Jolly, C. , "Environmental behavior structure and socio – economic conditions of hillside farmers: A multiple – group structural equation modeling approach", *Ecological Economics*, Vol. 62, No. 5, 2007.

Biglaiser & Friedman, J. , "Middlemen as Guarantors of Quality", *Internal Journal of industrial Organization*, No. 12, 1994.

Caswell, J. A. & Mojduszka, E. M. , "Using informational labeling to influence the market for quality in food products" , *American Journal of Agricultural Economics*, Vol. 78, No. 4, 1996.

Caswell, J. A. & Padberg D. I. , "Toward a more comprehensive theory of food labels", *American Journal of Agricultural Economics*, Vol. 74, No. 2, 1992.

Caswell, J. , Bredahl, M. E. & Hooker, N. , "How quality management metasystems are affecting the food industry", *Review of Agricultural Economics*, Vol. 20, No. 2, 1998.

Darby, M. R. & Karni. E. , " Free competition and the amount of fraud", *Journal of Law and Economics*, Vol. 16, No. 1, 1973.

Farina, El and Reardon, T. , "Agrifood Grades and Standards in the Extended Mercosur: Their Role in the Changing Agrifood System" . *American Journal of Agricultural Economics*, Vol. 82, No. 5, 2000.

Fynes B, et al. , "The impact of supply chain relationship quality on quality performance". *International Journal of Production Economics*, Vol. 96, No. 3, 2005.

Grossman, S. J. , "An introduction to the theory of rational expectations under asymmetric information", *The Review of Economic Studies*, Vol. 48, No. 4, 1981.

Grossman, S. J. , "The informational role of warranties and private disclosure about product quality", *Journal of Law and Economics*, 1981, Vol. 24, No. 3.

Hellmann, T. Stiglitz, J. , "Credit and equity rationing in markets with adverse selection", *European Economic Review*, Vol. 4, No. 2, 2000.

Henson, S. J. , Hooker, N. H. , "Private sector management of food safety: public regulation and the role of private controls", *International Food and Agribusiness Management Review*, No. 4, 2001.

Holleran, E. , Bredahl, M. E. & Zaibet, L. , " Private incentives for adopting food safety and quality assurance", *Food Policy*, Vol. 24, No. 6, 1999.

J. E. Hobbs, W. A. Kerr, K. K. Klein, "Creating international competitiveness through supply chain management: Danish pork *Supply Chain Management*", *An International Journal*, Vol. 3, No. 2, 1998.

Loader, R. & Hobbs, J. E. , "Strategic responses to food safety legislation", *Food Policy*, Vol. 24, No. 6, 1999.

Lynne, D. G. & Rola, L. R. , "Improving attitude – behavior prediction models with economic variables: farmer actions toward soil conservation", *The Journal of Social Psychology*, Vol. 128, No. 1, 1988.

McClymont, D. , "Decision – making process of commercial farmers in Zimbabwe", *Agricultural Administration*, Vol. 17, No. 3, 1984.

Nelson, P. , "Information and consumer behavior", *The Journal of Political Economy*, Vol. 78, No. 2, 1970.

Perkin, P. & Rehman, T. , "Farmers' objectives and their interactions with business and life styles: Evidence from Berkshire, England", In J. B. Dent & M. J. McGregor (Eds.), *Rural and farming systems analysis*: European perspectives Wallingford, UK: CAB. 1994.

Reardon, T. & Farina, E. , "The Rise of Private Food Quality and Safety Standard: Illustration from Brazil" . Sidney: *IAMA*, *Agribusiness Forum*, 2001.

Spencer Henson, Julie, "A Caswell Food safety regulation: an overview of contemporary issues", *Food Policy*, Vol. 24, No. 6, 1999, pp. 589 – 603.

S. Andrew Starbird, "Supply Chain Contracts and Food Safety", *American Agricultural Economics Association Choices*, Vol. 20, No. 2, 2005.

Weiss, M. D. , *Information issues for principals and agents in the "market" for food safety and nutrition*, Boulder, Colorado, Westview Press, 1995.

Wise, J. O. & Brannen, R. L. , "The relationship of farmer goals and other factors to credit use", *Southern Journal of Agricultural Economics*, Vol. 15, No. 2, 1983.

后　记

本书是在我们社科基金项目研究报告的基础上，经过进一步丰富和完善而成。本书在写作过程中不仅倾注了课题组成员的大量心血，还得益于多方良师益友的帮助和支持。

感谢河北经贸大学马彦丽教授和刘东英教授，她们不仅对本书的提纲提出了宝贵的意见，还参与了河北省农产品流通的调研，一起讨论、凝练了部分观点。

感谢青岛理工大学的西爱琴教授和四川农业大学的王玉林教授，他们带领农经专业的学生在山东省和四川省进行了调研，为本书提供了数据支持。感谢安徽大学的崔宝玉教授，和我一起赴浙江调研以合作社为主导的流通模式。感谢我的博士师妹林俊瑛，当时在浙大就读的她抽出宝贵时间，陪我们到浙江台州一带调研，解决了我们和被调研对象语言沟通的问题。

感谢我的硕士生刘凡同学，她的辛勤工作让书中的图表更加完美。感谢在新西兰汉密尔顿圣保罗学校读书的韩丰源同学，她在外文资料收集和翻译方面做了大量工作。感谢河北经贸大学经管学院会计专业的同学，他们在田新霞老师的带领下，在数据整理和录入方面做了大量工作。

感谢商学院和应用经济学教研室同事为我提供的工作上的支持和时间上的保证。

感谢我的家人和田新霞老师的家人，他们不仅给了我们时间上的支持，还给了我们精神上的鼓励，使我们枯燥的科研生活闪烁点点火花，让我们感到生活的美好。

赵建欣

2019 年春于石家庄